茧庐花蹊

——程小青传略

程彦 主编

海南出版社

·海口·

图书在版编目（CIP）数据

茧庐花蹊：程小青传略 / 程彦主编. -- 海口 : 海南出版社, 2024. 12. -- ISBN 978-7-5730-1825-0

Ⅰ. K825.6

中国国家版本馆CIP数据核字第20240U6G19号

茧庐花蹊——程小青传略

JIAN LU HUAXI——CHENG XIAOQING ZHUANLÜE

主　　编：	程　彦
责任编辑：	廖畅畅
封面设计：	阳　面
责任印制：	郐亚喃
印刷装订：	河北盛世彩捷印刷有限公司
读者服务：	张西贝佳
出版发行：	海南出版社
总社地址：	海口市金盘开发区建设三横路2号
邮　　编：	570216
北京地址：	北京市朝阳区黄厂路3号院7号楼101室
电　　话：	0898-66812392　　010-87336670
电子邮箱：	hnbook@263.net
经　　销：	全国新华书店
版　　次：	2024年12月第1版
印　　次：	2024年12月第1次印刷
开　　本：	880 mm×1 230 mm　1/32
印　　张：	9.5
字　　数：	207千字
书　　号：	ISBN 978-7-5730-1825-0
定　　价：	32.00元

历经风霜春不老

沈慧瑛

二十世纪上半叶，涌现了徐枕亚、包天笑、周瘦鹃、吴双热等一批鸳鸯蝴蝶派作家，他们的小说因情节哀婉、笔法细腻、内容通俗而受到普通读者的追捧，名声大噪，影响深远。其中程小青不仅翻译"福尔摩斯探案"系列等海外侦探小说，还创作中国侦探小说——《霍桑探案》，素有"民国侦探小说第一人"之美誉。作为著名的作家、文学翻译家，程小青多才多艺，擅画能诗，一生著述等身，为后人留下了丰富的精神财富。新中国成立后，程小青教书育人，创作新作品，讴歌新时代，并当选为江苏省第二、第三届政协委员，江苏省文联委员，民进江苏省委会委员，苏

程小青

州市第四、第五届政协委员，他还于 1958 年加入中国作家协
会江苏分会。

一

　　程小青（1893—1976 年），原名青心，乳名福林，曾用
名辉斋，笔名紫竹，号茧翁。程小青的祖父母因战乱离开原
籍安徽安庆，迁居上海，成为新上海人。他的父亲程文治在
绸布店谋生，勉强养活程小青兄妹三人，并送他进私塾接受
传统文化教育，学习《三字经》《孟子》《论语》等。数年私
塾学习，为程小青日后的工作和写作打下了一定的基础。程
小青是不幸的，十一岁时父亲就意外过世，弟弟程景海被迫
送人，母亲靠做手工活拉扯兄妹两人，生活的艰辛可想而知。
正因为他自幼目睹生活的不易，更加刻苦自强，将学习视为
终身追求，踏上社会后继续自学国文，还在上海青年会补习
夜校学习英文，提升自我。
　　十里洋场是达官贵人的天堂，也给普通民众带来机遇，
程小青有幸师从意大利音乐家杰诺威，学习铜管乐。一年后，
他被振华西乐队录取，成为一名乐手，这多少减轻母亲的经
济负担。然晚清政局不稳，经济衰落，振华西乐队终因生
意不景气而解散。程小青往日的努力没有白费，老东家振华
西乐队看在眼里，介绍他到亨达利钟表店做学徒，其时他才
十六岁。程小青把大部分收入交给母亲，以维持一家人的生
计，而他从牙缝中省下零花钱，到旧书摊购买《红楼梦》《水

浒传》等文学名作。程小青在亨达利钟表店工作时，结识一位家中富有藏书的小师兄，从他那儿借来中外名著和杂志等，如《文心雕龙》《古文观止》等中国经典作品，如莫泊桑、莎士比亚、小仲马等国外名家作品，还有当时盛行的《小说月报》等杂志。程小青在知识的海洋中畅游，如饥似渴地阅读，汲取养分，他的知识得以丰盈，他的视野得以拓宽。

如果说学习是吸纳，那么达到一定的量就会以另一种方式释放出来，所谓量变到质变。程小青将书本所学、生活所见、个人所思都转化为创作的源泉和动力，小品、散文等不断见诸报端，而微薄的稿酬也贴补家用。美国作家爱伦·坡《杜宾探案》、法国作家莫里斯·勒布朗《侠盗亚森罗苹》、英国作家柯南道尔《福尔摩斯探案》等侦探小说被介绍到中国，程小青被深深吸引，遂开始创作侦探小说。一个人的成功自然离不开自身的努力，但有时也要有贵人相助。《小说月报》主编恽铁樵可以说是程小青人生道路上的贵人，十分欣赏他的处女作《鬼妒》。恽铁樵是程小青文学道路上的恩师，不仅指导他系统学习中外名著，还对其作品中涉及的世俗、人性方面的升华以及人物如何从外部动作转向心灵深处的矛盾变化等给予指点，提高作品的格调，促使读者理性思考。

程小青从十七八岁时发表文章到成为知名的高产作家，并以侦探小说的翻译和创作闻名遐迩，他的勤奋与天赋是成功的关键，而时时将祖国放在心中才有了霍桑的横空出世。他翻译《福尔摩斯探案大全集》（合译）、《柯柯探案集》（又译为《柯克探案》）、《斐洛凡士探案》（"斐洛凡士"也有译为"菲洛·万斯"、"菲洛·凡斯"、"菲洛·凡士")和《圣徒奇案》《奎宁探案·希腊棺材》,并选译了其他9篇侦探小说,这些译作大多由世界书局、上海中央书店出版发行,风靡一时。程小青暗自思忖,为什么没有中国人写的侦探小说呢?1916年起,他开始创作《霍桑探案》系列小说,写中国人的探案故事,甫一发表就引起读者好评,"程粉"遍及国内和东南亚一带,程小青因而被称为"东方柯南道尔"。夏衍在上世纪六十年代到苏州见到程小青时,就说自己在学校读书时就爱看《霍桑探案》。探案小说是文艺百花园中一朵独特的鲜花,布局精巧、情节曲折、推理严密、逻辑性强,但更在于"有一个正当而合乎人道的主旨。因为侦探的性质,就在保持法律的平衡,洗刷无辜者的冤抑,而使犯罪的不致漏网。虽说出于虚构,然理想为事实之母,往往会和实际发生影响。所以我们着笔时,也不能不把锄强辅弱的主义,做一个圭臬"。程小青如是说。探案小说的意义除了文学艺术共有的魅力,还在于扬善惩恶,维护公平正义。

程小青是位多领域的多产作家,涉足电影剧本的创作,在中国电影史上占有一席之位。他先后为上海明星、国华、友联等电影公司创作《雨夜枪声》《梅妃》《夜明珠》《故城风云》《血泪鸳鸯》《夜深沉》《金粉世家》《可爱的仇敌》《红泪影》《窗上人影》《慈母》《江南燕》《舞女血》《贤慧的夫人》等30多部电影剧本,其中周璇、舒适主演的《董小宛》剧本及周璇演唱的主题歌的歌词均出自程小青之手。1963年由中国电影出版社出版的《中国电影发展史》一书,程小青的名字和作品赫然在列。

新中国成立后，出现类似探案的惊险小说。程小青于1956年、1957年间先后创作了《大树村血案》《她为什么被杀》《生死关头》《不断的警报》4部惊险小说，无论思想性还是艺术性都有了新的提高。程小青勤于笔耕，撰写《谈侦探小说和惊险小说》《从侦探小说说起》等学术性较强的文章，还创作《秋风起蟋蟀鸣》《高士驴》等散文、诗词、小说，均发表在《人民文学》《新华日报》《南京日报》《文汇报》《解放日报》《雨花》《上海文化》《新苏州报》和苏州市文联主办的《百花潮》等报刊上。无论是翻译还是创作，侦探小说是程小青文学生涯中最靓的一页，他成为中国侦探小说的一代宗师。然，程小青的诗词、剧本、绘画、历史小说创作也均有可圈可点之处，留下了浓墨重彩的一页。

二

程小青在上海这个东方大都会的文坛如鱼得水，佳作迭出，这也给他带来了丰厚的稿酬，足以让家人过上衣食无忧的生活。他接受过传统私塾教育，思想正统，为人正直，国文造诣较高，又有较好的英文修养，或许他内心并不满足于做一个职业作家、翻译家。一次机缘巧合，他与苏州发生深深的交集，遂扎根吴门，置地造屋，教书育人，创作交友，探山访水，留下众多雪泥鸿爪，而他的爱国之情也贯彻一生。

1916年（也说1915年或1917年），程小青举家迁往苏州，与古城结下一世缘，除 1937 年到 1945 年的 8 年外，他在这里生活了 50 多年，直到生命的终点。因程小青精通中英文，东吴大学外籍教师许安之、魏廉士等人请他到苏州教授中文。程小青对许安之印象极好，说自己能担任他的国文教师非常荣幸，夸他"非常聪敏，能力很强，对中国地理非常熟悉"，两人结下深厚的情谊。美国基督教卫理公会在苏州东吴大学设立吴语科，俗称吴语学校，招收在苏南浙西工作的外籍人士，教他们吴语。这个吴语并非纯粹的苏州方言，而是苏州话和上海话混合的方言。1960 年 3 月，程小青撰文回忆吴语学校的概况，称该校大约创办于 1921 年，最初由潘慎文担任主任，后由东吴大学校长文乃史继任。吴语学校学制两年。第一年，学生主要学习听讲，也即口语与听力，学生听老师讲解练习发音，学习单词、单语，进而练习简短的对话。一般学满一年，学生能听懂并能说上十来个单词组成的句子，如："昨日你为啥弗（"不"之意，下同）到学堂里来？""因为我身体弗好，走弗动。"第二年才有教材，采用由文乃史发明的注音符号，即以国际常用的注音符号为基础加以改变与补充的符号。等学生掌握了注音符号，老师才采用大班教学，在黑板上写上中文字，边上加注音符号，再用英语解释。学生开始学写字后，才正式认识中文。

1910 年代，程小青在苏州景海女子师范学校担任国文教员，主要教授写作。东吴大学附中主任史襄哉介绍他到附中任国文教员，并担任东吴大学附中青年修养团顾问。抗战胜利后，程小青回到阔别 8 年之久的苏州，继续在东吴大学附中拿起教鞭，负责公民教员、训育主任和三民主义讲演等方面的工作。他关心青年的成长，曾应邀到寰成中学做题为《明日的青年》的演讲。上世纪五十年代初，苏州公私立中小学校进行调整，程小青被分配到苏州市第一中学，教授语文，直到1956年离开教坛。程小青从教多年，始终是同事、学生眼中那个"认真负责、肯于钻研业务"的好教师，那个幽默风趣、智慧严谨的侦探作家。

中国传统知识分子崇尚民族气节，程小青深受传统文化熏陶，讲究气节是他处世的根本，真诚善良是他为人的特质。1932年一·二八抗战爆发，程小青夫妇在家赶制羽绒背心献给前方将士，并将国民革命军第十九路军一位负伤的营长接到家中养伤。1937年日本发动全面侵华战争，苏州沦陷，程小青离开精心构筑的茧庐，携家带口，随着东吴大学附中师生辗转浙江南浔、安徽黟县，最后在黟县五都叶村落脚，与同人们一起创办东吴大学附中黟县分校，将教育的种子撒在偏僻的小山村，并向学生宣传民族大义。1938年8月，局势稍微稳定，东吴大学附中在上海慕尔堂复校，通知程小青与他的同事们到上海。太平洋战争爆发，东吴大学附中再次被迫解散，程小青及其同事们另租房屋创立正养中学，校名取自东吴大学校训"养天地正气，法古今完人"之意，招收失学的东吴大学附中学生和其他流亡学生。沦陷区的日子是煎熬的、郁闷的，但生活还得继续，教书之余，程小青继续创作霍桑探案小说。为拒绝与汪伪政权的人交往，他三次搬家，又改名辉斋，并在友人徐碧波的掩护下躲进三楼亭子间坚持写作。他坚信抗战必胜，为 1943 年出生的长孙取名黎明，表现了一个爱国知识分子的坚定信念。程小青的爱国思想不仅体现在日常的言行中，还体现在他的文艺作品中。《霍桑探案》中的主人公霍桑的香烟、牙刷、牙刷杯、西服面料、地席等都是国产，寄托他浓浓的爱国思想。

程小青创作的《高士驴》发表在《雨花》1961 年第 2、3 期上，是以明末清初高士、画家徐枋为原型创作的作品。徐枋（1622—1694 年），字昭法，号俟斋、涧叟、秦余山人等，今江苏苏州人，举人出身，晚明殉节官员徐汧之子。他遵从徐汧遗命不仕清室，不入城市，隐居于灵岩山，筑涧上草堂，卖画为生，自称孤哀子。《高士驴》讲述替徐俟斋入城卖画的一头驴子，一日又进城卖画，"一幅立轴，折枝黄菊"，众人称好画，画上所题正是郑所南的咏菊诗："花开不并百花丛，独立疏篱趣未穷。宁可枝头抱香死，何曾吹落北风中？"程小青借作品中人物之口，称道"画画的徐先生是个最有志气的老人"，而驴也是侠肝义胆的"高士驴"。小说《画网巾先生》也是类似题材，表达知识分子的爱国情操与高尚人格。

新中国成立后，程小青努力跟上时代的步伐，讴歌新社会新气象，创作了歌颂祖国大好河山的诗文。1962 年新年即将来临，程小青以诗抒情："红旗猎猎色鲜妍，胜利欢歌又一年。碧海苍茫凭北斗，征途迢递着先鞭。敢辞辛苦驱灾害，愿献殷勤造福田。万里晴空春在青，行春赤日丽中天。"1963 年适逢中国共产党诞生四十二周年，他又激情澎湃，填《南歌子》一阕，有"任他风劲雨凄凄，总是同心同德举红旗"之句。同年，他的好友范烟桥、周瘦鹃分别创作了《党恩似海》《心感党》诗文，表达了他们对党对国家的热爱。因为深爱这片土地，因为经历战乱忧患，所以程小青这代知识分子更渴望太平安宁的生活。周扬与周而复在上世纪五十年代到苏州，与程小青、周瘦鹃等作家们相聚，鼓励他们继续创作，程小青因此与周扬有了交集。1959年，程小青到北京，想参加国庆十周年大典，就写信给周扬。周扬并没有直接回复，而是通过中国文联给他送来一张观礼证，他目睹大典的盛大场面，身为中国人的自豪感油然而生。

上世纪五十年代上级部门考虑让程小青担任江苏省文史馆馆员，后了解到他已是省、市政协委员，且家境富裕，按社会职务不宜交叉太多等原则，程小青没有担任省文史馆馆员。但这并不影响他的创作激情，历史小说、惊险小说频频问世。仅1962年到1963年间，他创作了十五首旧体诗，主要以苏州园林的亭台楼阁、一景一物为歌咏对象，加上园林典故，深情赞美园林，赞美苏州。他回忆过往种种，珍惜当下生活，曾在民进组织的会上发言："我活了70多岁，一家人生活比较优裕，人总要舒舒服服、安安稳稳过日子。"

程育真为父亲程小青刊印《茧庐诗词遗稿》，撰写跋语，称父亲晚年适逢动乱，所写诗词未能付梓，"辗转保存"，"此一宝贵遗产，足以反映先严对国族对人群一片丹心"。确实，程小青的文字处处流露着对家国的深情与眷恋，尽管晚境凄凉，但爱国之心从未变过。

三

程小青交友广泛，与范烟桥、周瘦鹃、陶冷月、郑逸梅、徐碧波、孙蕴璞、柴德赓、许安之等中外朋友均有交往，不乏作家同道、学校同人、年轻后学。他与东吴大学附中孙蕴璞、范烟桥关系密切，经常参加名为"同舟会"、"心会"的聚餐组织。范烟桥是南社社员、作家，与同道成立文艺社团星社，创办社报《星报》。社友们有擅长文学创作的，也有擅长书画金石的，均为当时颇有声名的文化人士。结社雅集是文人墨客的优良传统，是他们诗酒唱酬、相互切磋的平台，也是他们施展才华、彼此成就的朋友圈。1932年，范烟桥为程小青《霍桑探案》撰写引子，宣传程氏小说。而程小青则为《星报》撰稿，以表同道间的支持，同时频频参加星社雅集及社友的画展等活动，或作文绘画助兴，或为社友"呐喊"宣传，或撰文评论。

程小青曾拜陈摩、顾仲华为师学习国画，所绘"露荷烟芍，翠竹绛梅"，"写意洒脱"，"极晖丽五采之妙"；其书法则别具风格，行楷无俗。程小青加入陈摩等人组织的冷红画会，结交画友，取长补短。1931年，程小青等64人参加在怡园内举办的苏沪名人书画纨扇大会。程小青喜欢收藏名人字画，可惜许多珍品毁于日寇之手。上海"孤岛"时期的生活是清苦的，程小青与星社同道蒋吟秋、顾明道作鬻画广告、标明润格。他曾撰写卖画诗自嘲："乱世文章不值钱，漫漫长夜意萧然！穷途忍作低眉想，敢托丹青补砚田。"他参加在上海市举行的全国聋哑艺术展览会，捐赠作品，帮助聋哑人。

星社社友中擅诗文者居多，而陶冷月属于当时的大画家，被蔡元培先生赞誉。程小青与陶冷月情谊深厚，认陶冷月之子陶为衍为寄子，非常关注陶冷月的作品。1925 年，程小青参观陶冷月在东吴大学举办的画展，对《中秋对月》《柳暗花明》等作品评价颇高，认为"一则云烟飘渺，意境出尘，一则敷色布局，别出蹊境，殊令人叹观止矣"。三年后，陶冷月在苏州青年会举办画展，程小青在《申报》撰文，称陶冷月的作品"空灵清俊，似不食人间烟火。予最爱其《细雨垂杨系画船》一帧，涉笔盈纸，不觉其密，而写风势雨意，实有绘影绘声之妙"。程小青年长陶冷月一些，亦友亦师，陶冷月得知程小青夫妇在学画时就指点他们笔法。1944 年 11 月 5 日，江红蕉、蒋吟秋、徐碧波、吴仲炯、王謇、严独鹤、程小青、郑逸梅、周瘦鹃等诸友聚集陶氏风雨楼，祝贺陶冷月五十寿辰。众友以诗相贺，程小青也步诸社友作诗："浪迹归来日，论交已廿年。悬弧逢劫火，割席笑贪泉。艺苑留新格，诗囊少宿钱。亮风追五柳，允矣画人传。"文人墨客相聚，诗酒言欢，乘兴作画，陶冷月、蒋吟秋、程小青三人合作《岁寒三友图》，分别绘松、梅、竹，范烟桥、徐碧波、蒋吟秋等社友纷纷题咏，程小青题道："白眼看朱紫，何如孤竹贞。襟怀开万古，心迹证双清。"次年 1 月，因星社社友、作家顾明道过世后遗族贫寒，陶冷月又将《岁寒三友图》画义卖，成为文坛一段佳话。1945 年 1 月，陶冷月画展，并附程小青扇面画展在红棉画厅举行，这是兄弟合璧的画展。

程小青与郑逸梅相交颇多，留下了浓浓的人间温情和文字情缘。郑逸梅在《侦探小说家程小青》一文中，描写了程小青的家世背景、创作生涯、家庭生活及其交游；在《记侦探小说家程小青轶事》一文中，则简明扼要写了程小青各方面的特长和轶闻。程小青七十大寿之时，郑逸梅与徐碧波从上海来苏州为其祝寿，好友们住在茧庐，观赏程育真从美国寄来的月季名种，姹紫嫣红总多情。人生七十古来稀，程小青写下《七十述怀》三首，有"沧桑世局曾经历，冷暖人情欲话难"，"风格转淳人敬老，康庄在望我弹冠"，"丰功伟业无穷事，载笔更期百尺竿"，等等。1972年，程小青再次到上海，郑逸梅、徐碧波、平襟亚、陆澹安等诸友定好日子祝贺他八十岁寿辰，然他考虑当时的形势，婉言谢绝老友们的美意。次年冬月，程小青录苏东坡梅花诗相赠郑逸梅："怕愁贪睡独开迟，自恐冰容不入时。故作小红桃杏色，尚余孤瘦雪霜姿。寒心未肯随春态，酒晕无端上玉肌。诗老不知梅格在，更看绿叶与青枝。"以梅言志，以梅寄情，耄耋之年的老人用这种方式传递他们的友情与牵挂。

程小青与历史学家柴德赓也有交往，柴德赓的日记中多有记载。柴德赓是民进苏州主委，介绍他加入民进。柴德赓书法造诣颇高，曾为程氏题签——"画坛珍品"。1964年，程小青手指不幸被轧断，他吟诗一首，分送诸友，远在北京的柴德赓也收到程小青寄来的诗翰。当程小青要创作以徐枋为原型的作品时，柴德赓为他送来徐俟斋的年谱等资料，提供较大帮助。

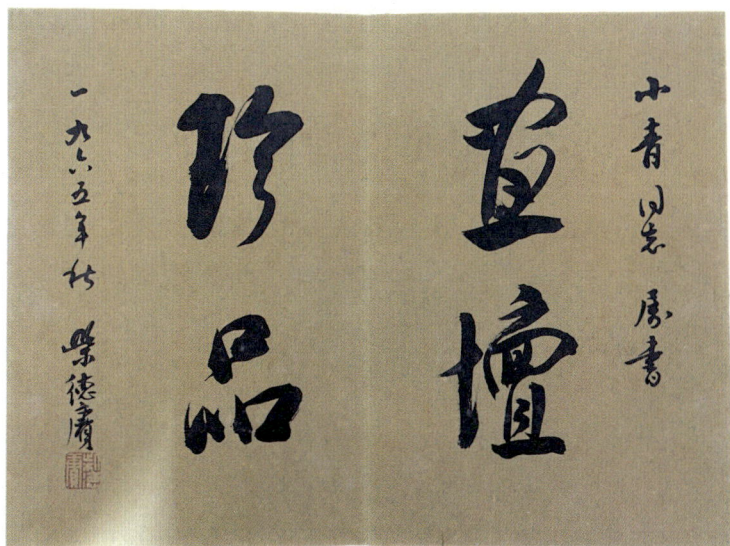

柴德赓为程小青题签——"画坛珍品"

　　程小青为人正直善良，重情重义，尤其会不顾自身安危向友人伸出援手。1942年，许安之、文乃史被关进日本集中营时，程小青数次到集中营探望他们，宽慰他们，并给他们送去物资，尽自己所能给予帮助。其时正逢许安之的岳母逝世，程小青帮助安排丧葬事宜。上世纪五十年代初，文乃史回美国前夕，送程小青一部字典作为纪念。程小青与许安之初以师生关系结下情谊，继以同道同人相处，他们互教中美两国文学，互学互助，获得双赢。许安之返美之时，程小青参加同道们在荷花塘举行的欢送会，两人依依难舍。其后许安之寄给程小青美国邮票，程小青寄去新颁布的婚姻法，让许氏了解新中国的变化。

上世纪五十年代政治运动不断，程小青绝少发言，但仍为崔护等画家的待遇鸣不平。青年作家陆文夫被错划为"右派"，他不避嫌疑，给予鼓励。他在必须参加的各类批判柴德赓的会议上，"也是发言最少或发言最短的"。从中可以看出程小青的人品高洁。1992年7月29日，苏州市文联举行程小青诞辰100周年纪念大会，陆文夫深情回忆程小青先生，说程老待人真诚，对文学青年关心有加，给予无私帮助，而他也是获益者之一。陆文夫说程小青是一个"从来不需要想起，永远也不会忘记"的前辈，他更期望程小青留下的智慧，"能使善良的人们变得更聪明些"。

程小青是正直善良的传统知识分子，也是一位虔诚的基督教徒，崇尚仁爱，生活方式比较西化，早上必定要喝牛奶吃面包。国家实行定粮后，凭票购买粮食，家中一个月糕点券基本上都被他吃光，以至每月大部分时间只能吃粥。程育真通过程小青在香港中南银行工作的学生许宝熙寄来书信、糖果、侨汇券等，帮他解决燃眉之急，并给予精神上的抚慰。

1966年8月31日，一场浩劫突如其来，打破了茧庐的平静。程小青的家被抄。面对此情此景，历经数十年人生风雨的程小青深知财物都是身外之物，只要一家人能平平安安地在一起就好。不料到1968年，茧庐住进了四户外姓人家，程小青被赶到一间小屋子里居住，他精心构筑的桃花源被彻底打乱。远在美国的程育真得知老父的境况，多方沟通。1972年终于落实政策，茧庐收回。但仍有人家隔了些年才搬走。

1976年10月12日，程小青怀着对亲人对故土的依恋离开了这个世界。他的一生是艰难曲折的一生，也是丰富精彩的一生，更是得道高义的一生。郑逸梅写下挽联："直友难求，棣棣威仪君有度；良朋痛失，茕茕孑影我何堪。"

每个人的生命都是有限的，唯有人品与作品是永恒的。最后，引用时任苏州市文联副主席张澄国在程小青诞辰 100 周年纪念大会上的讲话作为结尾，表达对这位苏州前贤深深的敬意："程小青先生毕生致力于祖国的文化教育事业，为中国侦探小说和惊险小说的发展作出了巨大的贡献，为我国当代法制文学奠定了一定的基础。他那种一心为祖国的独立、民主、进步、富强而奋斗的爱国主义精神，那种刻苦学习、勤奋创作、严以治学、勇于创新的精神，那种谦虚朴实、平易近人、真诚待人、乐于助人的精神，那种毕生奉献文艺事业、兢兢业业、任劳任怨的精神，连同他留给我们的许多优秀作品一起永远留在人们的记忆之中，成为激励我们后人前进的一种力量。"

癸卯岁末写于守拙阁

我的曾祖父程小青

程 彦

我的曾祖父程小青去世时是 1976 年，而我出生于 1985 年，按说我应该是对曾祖父没有什么印象，更别说有什么感情了，但其实不然。我出生和长大都在他的百年老宅里。小时候，我最爱干的事情，就是在院子里疯跑，骑自行车，爬树，捉蜻蜓……玩累了，就会跑到我爷爷的房间，一口气喝完一整杯他泡的碧螺春茶。在老宅的院子里，有很多果树，都是曾祖父还健在时种下的。几乎每一个季节，都有果子成熟，可以摘来吃。四月，有枇杷可以吃。八月，有枣子可以吃。十月，有柿子和橘子可以吃。其中我最喜欢的莫过于八月的枣子了。

那棵枣子树位于中间的院子里，树很大，枝丫茂密，是我最钟爱的爬树之选。八月是枣子成熟的季节，这时我们家就会迎来固定项目——打枣子。我爷爷会指派我爸爬梯子，打枣子。而我，则站在离树很远的地方，翘首以盼，因为站得近的话，很有可能被不长眼的枣子打到头。打完后，我就会第一个跑上前去，捡起地上的枣子，咬上一口，味道非常鲜甜。

到了我识字以后，我的爷爷就会拿出曾祖父写的《霍桑探案》手稿，让我誊写，帮助我识字，练字，而我也会坐在曾祖父当年的红木书桌前，认真抄誊。我被允许看的电视节目，也从《黑猫警长》等变成了《霍桑探案》改编的电视剧。我是看得津津有味，只不过，电视剧里那些恐怖的音乐，以及现场吊死的尸体，在我晚上上厕所时，多多少少是会给我带来一些困扰。

曾祖父一生有三个孩子，我爷爷是长子，我的姑奶奶早年就移民去了美国，我的叔祖也在曾祖父去世后第二年过世，所以，我们家的人丁并不兴旺。到了我青春发育时，我就经常感觉很困惑，因为我的长相和性格都不太像我的父母，直到我遇到了从美国回来探亲的姑奶奶，我才知道我遗传了谁。无论是外貌，还是性格，我无一例外在她身上找到了自己的影子。原来，我选择了"隔代遗传"。后来我自己做了母亲，又恰逢我父亲因病过世，我一边努力适应母亲这个角色，一边又要努力消化父亲过世给我的打击，确实是一段难熬的日子。但是也就在那个时候，我感觉自己离曾祖父又更近了。

在我父亲留给我的遗物中，有一张是曾祖父抄誊的写给远在美国的女儿的书信。爱女之心切，跃然纸上。我也在那个时候，认真读完了我爷爷以及姑奶奶写的关于回忆曾祖父点点滴滴的文章。这些文章，虽然字数总共不过数万字，但是里面却

程小青家庭合影

注：前排为程黎明（程小青孙子）；中排左起依次为黄含章（程小青夫人）、程小青；后排左起依次为邓援（程小青儿媳、程育德夫人）、程育德（程小青长子）、程育刚（程小青次子）、程育真（程小青女儿）

饱含了子女们对于父亲的深情，也给了我很多人生启示。我从这些文字里读到了他作为一个父亲，在子女教育方面的成功。三个孩子都接受了高等教育。长子我爷爷程育德留学美国，回国后成为化学老师。女儿程育真留学美国哥伦比亚大学，并在美国创办华人报社。小儿子程育刚成为北京一所医院的内科副主任。同时子女们也都非常孝顺。程育真去到美国后，虽然很长一段时间由于种种原因无法回国，但是在1968年老宅被占后，她站出来，联系到外交部，才最终让老宅回到我们手中。爷爷程育德在曾祖父最后的岁月里，一直悉心陪伴左右。当时家庭已经十分艰难，曾祖父在一个小房间里度日，家里其他的房子都被占，他的挚友们有的去世了，有的患病，这无疑对他来说是个巨大的打击。而我爷爷奶奶的陪伴，家庭给予的关怀，也是帮助曾祖父继续活下去的动力。

我也读到了他作为一个作家，对于自己职业的热爱和坚持。民国时期文人墨客层出不穷，而曾祖父能从中脱颖而出，成为当时妇孺皆知的侦探小说家，他在背后的艰辛与付出的努力可见一斑。这点从姑奶奶程育真在一篇文章中的描述便可知一二：

　　住惯自己大花园的住宅，如今迁居到上海，心中时常觉得地方狭隘与窒息，尤其是一到暑天，更炎热难受。于是一到晚上阖家都挤在晒台上纳凉，爸爸是例外，他老人家多半是埋头写作，难得参加我们的集团的。

　　明月当空，我们六个人正好坐在清澈的月光下，高兴就互相讨论今天的新闻，不然就参插一些风趣的笑话。

　　这一天，爸爸也自动地列在我们中间。弟弟悠闲地吹着口哨。

　　忽然我想起一件事："爸爸，今天几号？"

　　"五月六日，有什么事？"父亲诧异地望着我。

　　我奔到楼下拎起一本今天才出版的《龙虎斗》在父亲面前一晃："你不记得吗？今天是你大作出版的第一天呀！"

　　父亲这才明白过来，他慈祥地一笑，明亮的月光下我隐约看见父亲的眼睫毛给泪水湿润了。这是流泪的微笑。父亲欣喜得洒泪了。这是父亲每一次苦干努力后难得的笑容。此次他老人家又看见自己所撒的种子开花结果了。

"爸爸，这是你生平最满意的侦探小说了，是不是？"哥哥说完瞧着父亲。

父亲点点头，从我手中拿过《龙虎斗》，小心地在月光下翻阅和抚弄，目光是那么亲切。

为什么不呢？当爸爸开始着手写《龙虎斗》时，他曾牺牲一切的娱乐，整夜废寝忘食地用心写作，那种忠于写作的精神，紧张的神态，布局的精密，对白的紧凑，确曾绞尽脑汁费尽心血。仅仅是一本小说，薄薄的《龙虎斗》，父亲费上这许多时间、精神、心血与兴趣，那些以往发表的《霍桑探案》，不知耗费了多少心血与精神。无怪爸爸的头发已经要一天天花白了。如今父亲看见自己培植的种子结成果实，他怎能不破涕而笑呢？怎不小心地细细翻阅、欣赏与抚弄呢？

我更读到了曾祖父正直的性格和拳拳爱国心。节选一个我爷爷写的片段：

对于霍桑这样一个人物，我父亲十分注意宣扬他的爱国行动，连霍桑的衣着、生活也要突出其爱国的一面。看《霍桑探案》不难发现，霍桑吸的纸烟是南洋兄弟烟草公司生产的白金龙牌纸烟，用的牙刷是梁新记双十牌牙刷，牙刷杯是江西景德镇的产品，穿西服的面料是章华毛纺厂出品的羝羊牌毛料，甚至连他寓所会客室里的地席也注明是温州产。这样不厌其烦地描述霍桑，无非是我父亲一片爱国之心在其作品中的反映。写到这里我回忆起一件事：在1935年前后，我的朋友看了当时出版的《霍桑探案》后，跑来问我："你父亲在小说里总是提到吸白金龙牌香烟，那南洋兄弟烟草公司给了程先生多少钱的广告费？"我说："一个铜钿都没有，要提倡爱用国货，难道还要收广告费？"那么当时有没有商店、厂家送产品来，希望我父亲能够在小说中替他们宣传宣传？有这种情况。我记得曾有人送来一小木箱牙膏和雪花膏之类的日用化学品，名义上是说新产品，试用试用，实质上请求帮忙宣传。可是我父亲在小说中从来没有提到过这种牌号的商品。爱国出于自愿，也说明我父亲耿直的性格。

这些曾祖父身上的美好品质，让我有了面对生活中困难和挑战的勇气。因为无疑很幸运的，我有一位祖辈，他已经做出了很好的榜样。他对家庭的无私付出，为了钟爱事业的忘我拼搏，在遇到磨难时坚韧的性格，是他留给我最宝贵的遗产。

随着对曾祖父越来越深入的了解，我觉得他对我的吸引力越来越大，我开始重读《霍桑探案》。虽然这些故事离我们现在的年代已经遥远，但是读来，却依然引人入胜。在我这个年纪，再读一遍时，却能生出更多的欣赏和赞叹的感情，也能从中感受到更多关于曾祖父的气息，实在是一种美妙的享受。

我也开始翻阅当时同一时期画家、作家同时也是曾祖父挚友们写的关于曾祖父的文章。陶冷月、周瘦鹃、郑逸梅、蒋吟秋、范烟桥、徐碧波等，他们从朋友的角度，让我看到了一个更加丰富、更加立体的程小青。也让我了解到，原来曾祖父的成就绝不止步于是一位侦探小说家，他还是一位书画家。郑逸梅在《侦探小说家程小青》一文中述及程小青艺事时说："小青喜国画，曾从陈迦庵（即陈摩，字迦盦、迦庵、迦仙等——编者注）学花卉，露荷烟芍，翠竹绛梅，极晖丽五采之妙。又能书，行楷无俗笔，但不多作。承他不弃，为我写了几幅。"这在本书有独立篇章，可供阅览。

2018 年，海南出版社通过多方途径，联系到了我的父亲商议《霍桑探案》再版之事。父亲也一直在积极推动。但后因我父亲去世及新冠肺炎疫情耽搁，直到 2022 年，海南出版社北京分社的彭明哲社长再次通过苏州作家王道联系到了我。我对能完成父亲生前的心愿表示欣喜，但我也提出了要求，我想主编一本关于程小青的书，供读者阅读。在这本书里，大家可以看到一个鲜活立体的程小青，他不仅是一位侦探小说家，也是编剧，是画家，还是诗人。彭明哲社长非常爽快地答应了下来，也在我之后主编这本书时，提供了非常多的帮助，在此要对他表示感谢。同时，也感谢本书的编辑廖畅畅对这本书的辛苦付出。

为了编好这本书，我联系到了曾祖父挚友们的后代，和他们每一个人的接触交往，可谓是妙不可言。仿佛是去见一个个多年未见的朋友，即使我们之间存在年龄差，即使我们之前从未谋面，却能相谈甚欢，一见如故。从各位前辈那里，我了解到了更多关于曾祖父的事迹，感觉好像是坐着时光机，穿越回去，看到了真实存在的曾祖父和他的朋友们。

这本书一共分成五章，分别从人生经历、文学成就、艺术事业、日常侧影和后人追怀几个角度展开，希望能够多角度、多层次地展现我曾祖父程小青的一生。

在本书开篇，我特别邀请了苏州市档案馆原副馆长沈慧瑛作序。书中收录了我爷爷程育德、我姑奶奶程育真的回忆文章，为读者展现亲人眼中的程小青。其中不仅有对曾祖父生平经历的记录与讲述，还有一帧帧日常温暖片段的美好回忆，如同温情脉脉的生活画卷在徐徐展开。本书还收录了曾祖父的挚友，作家、学者郑逸梅、严独鹤、徐碧波、柳存仁所撰的回顾曾祖父生平事迹的文章，以文坛同人的视角带领读者走近文思飞扬、多才多艺的程小青，领略他的诗意人生。此外，听闻我在主编这本书后，曾祖父挚友的后代们也欣然答应为本书撰稿，书中收入了陶冷月之子陶为衍、陆文夫之女陆绮、郑逸梅孙女郑有慧、严独鹤孙子严建平和柴德赓孙子柴念东的文章。他们以不同轨迹切入：或是回忆与曾祖父的交流往昔，追怀那些真挚温暖的时光；或是爬梳史料、搜罗记忆，从故纸堆中、从珍藏的作品中筛选整理，在岁月中拾掇曾祖父的人生亮片……此外，书中还收入了作家江元舟、王道所撰的程小青人物评传，苏州大学教授范伯群、复旦大学中文系青年副研究员战玉冰、推理作家时晨撰写的程小青文学作品的评论，著名学者刘传铭，苏州市书法家协会副秘书长、苏州科技大学美术系主任朱骏益关于程小青书画艺术的品鉴文章。在此，我要对为这本书的出版提供支持与帮助的前辈、朋友们表达诚挚的敬意与感谢！

　　1964 年 5 月 16 日,我曾祖父与陆澹安、朱大可、严独鹤、丁悚、平襟亚等友朋相聚上海新雅饭店,为周瘦鹃、郑逸梅、陶冷月三老庆祝七十大寿,并在饭后合影留念,此为一段佳话。59 年后的 2023 年,是曾祖父程小青诞辰 130 周年,11 月 19 日,我邀请了部分当年参加聚会人士的后代相聚上海新雅饭店,并于王开照相馆合影。此次相隔 59 年,后辈们聚首,照相留念,对于我们每一个人来说可谓是意义非凡,曾祖父和他挚友们的深情厚谊已经通过后代们传承了下来。

庆祝周瘦鹃、陶冷月、郑逸梅七十大寿友朋合影,摄于 1964 年

注:前排左起依次为沈禹钟女儿沈修颂、严独鹤夫人陆蕴玉、姚苏凤、程小青、吴明霞、胡亚光、江红蕉;中排左起依次为严独鹤、孙雪泥、陶冷月、周瘦鹃、郑逸梅、孙筹成、丁悚;后排左起依次为管际安、徐碧波、王巨川、陆澹安、朱大可、平襟亚、芮鸿初、沈禹钟

纪念程小青诞辰 130 周年故交后裔留影，摄于 2023 年

注：前排左起依次为朱大可孙子朱铭、陶冷月儿子陶为衍、陆澹安孙子陆康、严独鹤孙子严建平；后排左起依次为张乐平儿子张慰军、周瘦鹃孙子周南、郑逸梅孙女郑有慧、程小青曾孙女程彦、丁悚孙子丁夏、平襟亚外孙罗云岗

　　徐碧波在改革开放后，曾这样回忆曾祖父的老宅："堂前有花木之胜，屋后兼有菜圃，空气清新，环境幽静，正是一所读书与著作的好地方。尤其他的卧室在后进书室楼上，建筑得四面有窗，一到夏季晶窗俱启，四面通风，比较楼下更为舒适，小青认为至乐之举，因为他是一个极度怕热者。更引为便利的，距离工作地点近在咫尺，又能腾出时间从事译述写作，很觉悠然自得。"而从曾祖父自己写的一首词——"桥畔幽居邨水西，曲岸风微，小巷人稀。向阳庭院有花蹊，春日芳菲，秋日纷披。

高阁窗前绿树低，晓接朝曦，暮送斜晖。闲来读画更吟诗，家也怡怡，国也熙熙"中也可见一斑。

最后，借用陆文夫先生为曾祖父写的墓志铭作结："有一位正直而善良的作家在此长眠。他曾经走过漫长的人生之路，艰难、曲折、自强不息，用一枝秃笔，与邪恶卑劣搏斗。他写下了著名的《霍桑探案》，企图揭开一切罪恶的底细，但愿他留下的智慧能使善良的人们变得更聪明些。"

曾祖父，望您安息。

2023 年 11 月于程小青故居建成一百年之际

目　录

第一章

人生朝暮

小说家程小青

江元舟

一、贫民的后辈

1893年（清光绪十九年癸巳）农历六月二十一日。

在上海南隅淘沙场的一间古老破旧的屋子里，传出了"呱——呱——"的哭声，一个小生命诞生了。脸色苍白的母亲用丈夫旧衣服改制的童服把婴儿裹起，瘦长的父亲轻轻地抱起第一个儿子，脸上流露着既高兴又忧愁的神情。他看看眼前困苦的日子，心中盼望吉祥称心的生意，便给孩子取了个乳名"福林"。

小福林降到人间，并不如意，也没有什么福分，伴随他的是贫穷、苦楚和清寒的岁月。

福林的祖辈是安徽安庆人，终年在田野辛勤耕耘。当时，安庆兵连祸结，社会动荡不安，战争驱赶他祖父母东逃西躲。太平天国时期全家迁到在上海的祖母樊氏的娘家，小福林的父亲程文治进了一家绸布店当职员，浅薄的薪水勉强支撑着一家人的开销。以后几年，程文治又添了一女一儿，给三个儿女分别起了青心、银宝和景海的名字。全家五口人栖身在低矮、阴暗的小屋内，经受着时世的风风雨雨。

1900 年，八国联军侵华，境况更加清苦。在福林 11 岁时，父亲因绸布店生意清淡，被老板辞退，全家只得靠贩卖报纸度日。程文治穷苦潦倒，沾染上游手好闲的恶习，又患上癫痫病。一天，他在卖报途中，突然跌倒在碎石路上，遽然逝世。

父亲暴卒，一家生活的重担落在母亲的肩上。母亲目不识丁，性格秉直刚强，勤俭持家，不怨天，不尤人，默默地做针线活，缝补浆洗，靠女红菲薄的收入，很难抚育三个尚未成年的子女。母亲含着泪珠把 6 岁的小弟程景海，送给姓郑的邻居领养，改叫郑景海。景海长大后在上海电力公司当职员，后来患肝癌病故。接着，母亲又把小妹程银宝，嫁给城隍庙开花粉胭脂店的陈炳生，由于妹夫不善经营，生活一年不如一年。后来，妹妹银宝患喉癌病逝。

家境的穷风苦雨，在福林童年的头脑里，构成一幅家乡农村经济破产、家庭败落的图画。从他后来的《霍桑的童年》一文中，隐隐约约地可以看到他童年时代的影子。

二、渴望读书

福林年过 9 岁了，瘦小身子，大大脑袋，眼睛机敏而炯炯有神，但还未踏进学校门。

尽管家庭经济拮据，父母还是懂得知识的潜能和价值。母亲起早摸黑，辛勤劳动，宁可自己省吃俭用，也要把福林送进私塾去念书。父亲给他改名为小青，家里人仍亲热地叫他青心。

小青学习刻苦，听课很认真，都能照老师的要求去做。一回家就读书写字，很快念完了《三字经》《百家姓》《千字文》和《说文解字》等启蒙书，接着就念《论语》《孟子》等四书五经。

塾师给学生布置完作业后，就坐在讲台旁摇头晃脑地轻声吟起唐诗宋词。小青在老师的读诗声中，觉得中国的古诗词抑扬顿挫，回婉动听，跟唱歌一样具有音乐的节奏感。自此，小青对诗歌产生了浓厚的兴趣。

可是，父母力不从心，连私塾也无力让小青再继续念下去，他只得辍学在家。

上学的梦破灭了，程小青的求知欲望却没有减弱，遇有不明之事，他总要追问个水落石出，渐渐养成探索好问的习惯和敏锐的观察能力。

一天，他蹲在小摊旁，好奇地看街牌算命的把戏。一名30多岁的妇女，从算命先生的一叠纸牌中，抽出一张，看了一眼牌上的字，默记在心，然后交给算命先生放进那叠牌中，算命先生把牌洗了几次后，竖直放进小木匣中。接着，算命先生把手边的小竹笼移到匣前，把小竹笼的门打开，一只羽毛浅褐色的小鸟，长长的颈脖，尖尖的嘴巴，黑黑的小眼睛东张西望，唧唧叫了几声，并不去叼牌子。算命先生轻轻地抚摸小鸟的头，小鸟的嘴乖乖地向牌伸去，真的把那妇女看过的牌叼了出来。

"鸟怎么会叼出指定的牌？"程小青诧奇地想。

接连几天，程小青都蹲在小摊旁，揣摩聪明小鸟的灵感。一次，他发现算命先生的手指上染有一种气味物，捏那妇女看过的牌时，气味留在牌角上，鸟闻到特有的气味，就能正确地把它叼出来。小鸟衔牌的秘密给程小青揭穿了，算命先生对他十分恼怒，不许程小青再立在摊旁。

随着洋人的进进出出，西方文化不断涌入十里洋场的上海。一个偶然的机会，经人介绍，程小青跟意大利音乐家杰诺威学习铜管乐。独具风格的铜管乐，音响洪亮，乐感丰富，艺术感染力强。程小青抱着学一门手艺的希望，珍惜这个难得的机会，如鱼得水尽情地在音乐的海洋里徜徉。程小青受到典范的西洋古典音乐氛围的熏陶，以至影响到他的文学创作。在他以后创作的《霍桑探案》的作品里，可以看到这样的描绘：当主人公霍桑破案遇到疑难问题时，或破案成功时，都会情不自禁地拉起小提琴，表现出两种不同心态的曲调和节奏。这同作者青少年时受到铜管乐的训练有密切关系。

时过一年，程小青读到报上的振华西乐队的招生启事，兴冲冲去报了名，当场吹奏了几段曲子。乐队主考人见他演奏技巧娴熟，听到他动听多彩的吹奏音乐，十分满意，点点头说："你被录取了，明天就正式上班！"

程小青踏进了音乐艺术的殿堂，艺术细胞在他身上无声无息地繁殖起来，他心里燃起了强烈的求知欲。

在振华西乐队，程小青结识了两位年龄相仿的好友，一位叫赵芝岩，一位叫戴逸青。他们经常一起切磋技艺，互相学习，互相照顾，亲如兄弟。空闲下来，赵芝岩还向程小青求教写侦探小说。他俩出入相偕，视为莫逆，有人称程小青为"霍桑"，称赵芝岩为霍桑的助手"包朗"，赵芝岩听了笑笑而已。新中国成立前，赵芝岩进了解放军华北军区乐队当教员，戴逸青在苏州东吴大学乐队做教师。戴逸青培养儿子戴粹伦学音乐，专练小提琴，后来戴粹伦与马思聪齐名，成为中国小提琴名家之一。

程小青 16 岁那年，振华西乐队生意不景气，钱财亏空，被迫解散。为了生计，程小青经振华西乐队介绍在繁华大马路的亨达利钟表店当学徒。

学徒的生活是清苦的。程小青从早晨脱卸排门板开始，一直干到日落西山、华灯初上、装上排门板为止，每天要干十多个小时，可获得的日薪很菲薄。他把自己的收入，全交给母亲，勉强把一家几口的生活支撑下来。繁忙的工活，贫苦的生活，丝毫没有减弱他求知的劲头。他黎明起床，朗读文章，节衣缩食，用省下来的钱买旧书，《水浒传》《三国演义》《红楼梦》……他都认真阅读，并上夜校补习英语。程小青身居闹市，却从不闲逛商店。迷人的黄浦江夜景，也无暇去外滩观赏。他像一条活生生的游魂，在知识的海洋中拼命地游弋，寻觅着、吮吸着人类精神的营养。

三、创作伊始

在亨达利钟表店当学徒时，与小师兄相处亲密。小师兄家里有许多书，程小青视若珍宝，不断地向他借阅。杂志《小说月报》《小说大观》；古文《文心雕龙》《古文观止》；外国作品，如莫泊桑的《项链》、莎士比亚的《哈姆雷特》、小仲马的《茶花女》……这一切，他都贪婪地饱览，真着迷了！那一期期《小说月报》里新创作的各色各样的中国小说，跟新翻译过来的形形色色的外国小说，拓宽了他的视野，开阔了他的思路，他在文学作品这个独立的艺术世界里，获取艺术的灵感，寻觅诱人的故事。

学问具有裂变的特点。年轻的程小青思潮汹涌，跃跃欲试，撰写起小品、笔记、散文和言情小说来，投向刊物，用取得的稿酬，接济家庭生活，还用稿费交学费，夜间在上海青年会补习英语。

二十世纪初，我国盛行翻译外国侦探小说的风气。程小青对这些出人意料又睿智的原著侦探小说，特别感兴趣，非一口气读完，不肯掩卷释手。

侦探小说始于十九世纪中叶的美国。最早被人传诵的是美国作家爱伦·坡的短篇《莫尔街凶杀案》，发表于 1841 年。到了二十世纪，欧美各国的侦探小说的创作活动，日新月异，人才辈出，作品更趋成熟、完臻。作品情节奇特，故事紧张，作品中的主人公机智勇敢，干练仗义。著名的欧美侦探小说有：美国作家爱伦·坡的《杜宾探案》、法国作家莫里斯·勒布朗的《侠盗亚森罗苹》、英国作家柯南道尔的"福尔摩斯探案"等系列，还有《斐洛凡士探案》《圣徒奇案》《陈查理探案》《柯柯探案集》等，其中大部分后经程小青翻译，并陆续在中国报刊上登载出来。

程小青读着读着，也模仿和编造离奇曲折的情节，写出处女作《鬼妒》，描写一个私家侦探追查借"鬼怪"作案的歹徒，最后揭开歹徒面目，真相大白。全篇情文并茂，妙趣横生，侦探过程，细致周详。程小青万万没有料到，《鬼妒》投寄到《小说月报》，竟被主编恽铁樵赏识。热情扶掖后辈的恽先生，又邀请他晤谈。见面那天，正是严冬时节，朔风怒吼。身材修长的程小青，穿着青色棉长袍，光着平顶头，来到《小说月报》社不大宽敞的总编室。恽铁樵看见程小青冷飕飕的神色，说："今天起大风，你要戴顶帽子出门呀！"

程小青指指自己的头，微笑着说："你看，我的头，没有这样大的尺寸，哎，帽子买不到！"

恽铁樵对他的头瞥了一眼，笑了笑，话题就转换到文学上，问："你近来在读什么书？"

"在看《水浒传》金圣叹的评语。"

"好！前人的中外名作要多读，读后要多思。尤其是《礼记·檀弓》要精读，你会感到得益非浅的。"

在恽铁樵的指点下，程小青有计划地阅读中外文学名著。从经史子集的古典文化，读到林纾（琴南）翻译的西方文学；从唐宋诗词，读到莎士比亚的戏剧……在那些情景交融的艺术结晶中，在深邃的精神和新颖的世界里，他的心灵受到震撼，他的情操受到陶冶。程小青花了一笔在他看是不小的钱买了本羊皮封面的原版《莎士比亚选集》，经常翻阅，百看不厌。《莎士比亚选集》中的喜剧、悲剧和历史剧，反映了英国封建制度解体、资本主义兴起时期的社会矛盾，刻画了新兴资产阶级为主的多种人物形象。剧中人物性格鲜明，情节生动丰富，语言精练而富有表现力，给程小青留下深刻印象。这本陈旧的羊皮面选集，至今还留存在他儿子程育德的书橱里。

在众多的翻译作品中，程小青对我国早期翻译家林纾的作品，十分欣赏。他下大力气揣摩、钻研作品中细腻动人的技巧，达到废寝忘食的半痴程度。林琴南不谙英文，译作时都得听别人的口译，再写成中文的小说。程小青对林琴南排除困难的毅力，钦佩不已，并激励自己更勤奋，更自觉地学习和写作。当他在学习中碰到疑难问题，就到处寻师访友，不怕路途遥远，登门请教。苏州小说家包天笑，就是他景仰和经常去求教的一位长者。

以后的几年中，恽铁樵对初出茅庐的程小青关怀备至。他读了程小青的几篇言情小说，感到小说中表现的现实世俗情态和人性人情需要升华，就写信告诉他，要从对作品中的人物外部动作的描写，转向对心灵深处矛盾变化的揭示。恽铁樵画龙点睛式的教授，使程小青懂得了创作的真谛，努力掌握创作的真经，促使他以后创作的侦探小说，达到唤醒读者理智的境界。

四、"霍桑"诞生记

辛亥革命时期，翻译外国侦探小说已屡见不鲜，在出版的六百多篇翻译作品中，侦探小说就占三分之二，如果把散见于报刊上的也算进去，数量更为可观。其中以英国作家柯南道尔的"福尔摩斯探案"系列首屈一指，在我国的影响最大。上海素隐书屋最早出版的《时务报》《新译包探案》，其中就有柯南道尔《血字的研究》等五篇。"福尔摩斯探案"系列的内容和形式，不仅使侦探小说基本定型，而且成为规模空前的著名侦探系列小说。在柯南道尔的几十篇侦探小说中，他塑造的私家大侦探福尔摩斯的形象风靡神州，福尔摩斯的名字不胫而走，至今还留在读者心中。

程小青翻译"福尔摩斯探案"系列，爱不释手。同时心里琢磨侦探小说虽说是想象的文学样式，但作品中的主人公福尔摩斯摆脱了迷信、神怪和荒诞的色彩，是个普通的活生生的人。但他又不同于一般的人，是个具有广博科学知识、善于调查研究和观察思考的人，是个能够察微知著、辨伪识真的人，是个具备由此及彼、旁搜博采能力的人。他从心底感受到侦探小说的严密的推理性，不同于公案小说，不同于侠义小说，是人类智慧和现代科学的结晶。

1916 年，上海《新闻报》副刊《快活林》举办首次征文活动，规定应征文章每篇字数不超过两千字。程小青看到这一消息，猛然想到，既然福尔摩斯故事为人们所喜爱，何不自己也塑造出一个中国的福尔摩斯的形象来呢？于是，他模仿"福尔摩斯探案",以主人公为第一人称,配一个助手,叙述别出心裁的情节,题目取《灯光人影》。文章刚动笔,程小青忖度:征文字数规定在两千字内,大侦探连同他的助手的姓名字数多少也要估算在内,假如姓名只用两个字,就可把省出的字数用来充实小说的内容,充分叙述细节。于是他就将作品中的大侦探命名为霍森,助手命名为包朗。写毕后,程小青数了字数,正好扣准两千字!

侦探小说《灯光人影》很快被《快活林》刊登出来。程小青欣喜若狂,买了一张报纸读了起来。看了一遍后,他惊讶地说:"噫,怎么大侦探霍森的名字变成霍桑!"他分析或许是编辑先生的更改,或许是排字工人的误植。他想:算了,这是征文,要求编辑刊出更正启事也较麻烦,再说霍森改为霍桑又无损于作品的内在含义。于是大侦探霍桑就在以误传误中诞生了。霍桑从此登上了文坛,成为程小青笔下永生的主人公。

霍桑问世后,有的读者以为程小青选用这个姓名,是借著名美国小说家霍桑的音译来吸引读者。还有些上海读者,误认为霍桑两字是上海话"吓伤"的谐音。诚然,作家为他作品中的主人公取名,是经过种种考虑,只是没有讲出自己的意图罢了。读者的揣测,无非说明是对此发生兴趣而所抒的高见。可是,霍桑这个姓名产生的特殊的原委,连作者去世前也不明白。世上确有许多事情的发生是出人意料的。

五、婚姻与家庭

在上海，年轻的程小青曾有一恋人江黛云，是个富家淑女。两人性情投契，同心合意。可是家庭贫富悬殊，门不当，户不对，因江氏父亲阻挠，他俩未能成为眷属。当时有位作家曾以程小青这段恋爱经过，撰成小说，借以抨击封建婚姻的罪恶。程小青失恋后，心神沮丧，不再写言情小说，改写侦探小说。有人说，程小青的失恋是他成为侦探小说作家的转机。此话也许是推己及人，也许符合原委。

1914 年，21 岁的程小青与同庚的黄含章邂逅。从相识到相互依恋，相互倾慕，最后在欢乐而和谐的气氛中结成伉俪。从此，程小青有了一个幸福温馨的小家庭。他俩相濡以沫，风雨同舟半个多世纪，双双欢度金婚。

黄含章，字觉民，浙江平湖人，家居金山湾乍浦镇。她个子瘦小，白嫩的方脸，薄薄的嘴唇，柔软的头发，端庄、福相，闪耀着一双亲和的眼睛。黄家是大族，宅院宽大、幽深，临近海滩，夜间可听到海涛声。黄含章的父亲在那里开木行，养育子女九个，黄含章排行第五，家里人称她五小姐。因其父亲经营乏善，木行连年蚀本，临近黄含章与程小青结婚时，木行已处于半开半闭的境况中，所以黄含章的小家庭没有得到娘家的经济支持。

贤淑的黄含章婚后操劳家务，勤俭持家，连生育第二个儿子的助产费，也是用自己做针线活赚来的钱贴补。她一生对程小青的饮食起居照料得细致入微，生活安排得井井有条，这位贤内助,使家庭一直充满和睦的气氛。

黄含章生育过六个儿女,三个幼年患病夭折,剩下二男一女,按育字辈取名。婚后第二年生大儿子育德,1921年生女儿育真,1926年生小儿子育刚。程小青因童年时渴望读书而未能进学校,一心要培养儿女上大学。从给儿女按育字辈取名,可见其寓意深刻。他又经常以自己刻苦自学成才的经历,教诲子女:"立足天地,靠自己努力。"以后儿女长大,果真个个都读到大学,实现了他的夙愿。程小青青少年时爱好体育运动,又因没有机会进校门,连球也没摸过。但他对体育锻炼的兴趣从未泯灭。中年,他经常打网球;老年,他喜欢打康乐球。他还经常鼓励子女多参加体育锻炼,儿女们也个个热爱体育活动,大儿子曾是游泳、打网球、踢小足球的好手。

大儿子程育德,系东吴大学化学系毕业生,毕业后在上海药厂当药剂师,解放后在苏州的新苏师范教化学,直至退休。大儿媳邓援是常州人,在东吴大学生物系就读,婚后来苏州东吴大学附中执教,解放后在新苏师范任教。现程育德夫妇及小辈居住在苏州老家。孙儿因生于1943年,在抗日战争胜利前夕,程小青为之取名"黎明",以寓重见正义和光明。黎明现是机械工程师。

程小青与大儿子共同生活的时间最长,和睦相处,儿子和儿媳随侍他直至去世,享尽天伦之乐。1962年,程小青偕妻与儿、儿媳等北上游览北京,游兴很浓,写下七律一首:

香山景色入秋妍，霜叶乍红处处泉。

十丈虬龙鳞化雪，四周屏嶂碧于烟。

湖名眼镜堪窥影，塔笋玻璃欲刺天。

遥指山腰苍翠处，衣冠冢在仰先贤。

程小青对小辈爱抚无比，谦逊礼让，从不打骂，平等待人。1976 年 4 月，大儿媳邓援喜逢花甲，程小青赋诗七律一首，祝贺儿媳六十诞辰：

花甲喜逢未白头，毕生处世总温柔。

栽成桃李遍天下，赢得亲朋话一州。

动手裁衣为俭用，关心家计是祛愁。

艳阳秀色无边好，百岁风光定可求。

简短、朴实的诗句，赞美了邓援六十年的美德和成绩，字里行间充满着对子女关怀备至的真挚感情，亦显示了程小青平易近人的风度。

女儿程育真，少年时顽皮好玩，伶俐可爱，看见父亲写小说署名"小青"，她也操觚模仿，署名"大青"。她在东吴大学经济系毕业后，担任东吴大学助教，后进东吴大学附中教书。

程育真喜爱文学和写作，与一批东吴大学毕业的女同学一起投身于文学创作。她的小说和散文，自然淳朴，文采斐然，经常在《万象》《幸福》《春秋》《紫罗兰》等杂志上发表。程育真第一次领到稿酬，给父亲添了双皮鞋。程小青笑逐颜开，碰到朋友，总要举足夸奖一番说，这双皮鞋是女儿以稿费给他买的。程育真的不少作品，弥漫着宗教气息，看得出她信奉上帝。她的出名之作《笼羽》，勇敢地喊出了挣脱封建束缚、争取自由的呼声，给读者留下了深刻的印象。程育真和这批女大学生的作品，虽属"闺秀文学"，又长期蒙受冷遇和忽视，但毕竟是文学这棵参天大树上的一片绿叶。她们是一群几乎被遗忘的东吴女作家。

1948 年，程育真只身奔赴大洋彼岸，在美国哥伦比亚大学研究院攻读英国文学，后来与办报人美籍华人吴敬敷结成伴侣，在美国成家立业，生育两个女儿，现在全家定居在美国纽约。

1963 年 5 月，程小青想念身居海外的女儿，命笔撰词《临江仙》，作《怀吾女育真》一首：

海外掌珠频系梦，

梦魂夜夜团圆。

白头絮絮劝加餐。

明朝迎雁信，

吉语报平安。

伉俪情深多幸福，

双双娇女承欢。

庭阶春到百花攒。

何时归故国，

锦绣满山川。

仅隔两个月，程小青忽然接到女儿来信。女儿书简中的絮絮细语，滋润程小青的心田。他十分愉悦，兴高采烈携全家赴外地游览。那些天，他沉浸在乐悠悠、喜滋滋的气氛之中，林立奇峰，滔滔碧水，令他心旷神怡，欣喜流连。程小青乘兴归来，又作七律一首《接育真女家报八月二日举家驱车作旬日游》：

> 闻道转车载一家，壮游豪兴足堪夸。
> 飞轮疾驶三千里，古艇争看五月花。
> 直上高峰凭电缆，共探幽洞跻流沙。
> 归来细检诗囊句，知有珠璨散彩霞。

诗词借景抒情，对女儿的信函十分感慨，表达了父女之间深笃的情谊。

在程小青九十冥寿的前夕，程育真怀着深厚的骨肉之情，追思父亲的音容笑貌和往事，这些好似历历在目。出于恭敬桑梓和追念乃翁，程育真请兄嫂尽快收集和抄录父亲晚年的诗作，及早寄往纽约。不久，她在美国见到父亲这份遗墨，十分爱护，视如珍宝。在欣赏和受诲之后，程育真特为诗稿写了一篇跋，取书名为《茧庐诗词遗稿》，自费精印成册，出版问世以赠亲朋好友及《霍桑探案》的爱好者。跋的全文如下：

> 先严毕生致力文教工作，授课之余，优游于篇章之圃。所著《霍桑探案》三十册，所译《菲洛·凡斯探案》

《福尔摩斯探案》《圣徒奇案》《柯克探案》《陈查理探案》等名著及所撰其他作品均巳先后问世，辱承士林称扬矣。惟独晚年诗词，则遭逢混乱，未曾付梓，辗转保存，幸免焚毁。兄嫂以育真久适异国，迟未拜诵，抄录一份，以供珍藏，而留纪念。此一宝贵遗产，足以反映先严对国族对人群一片丹心，有助兴废起坠。育真反复玩味，既已尽其欣赏受诲之致矣，敢不公诸（之）于世，特乘先父九十冥寿纪念良辰，刊印成册，以资流传，而免散失。先严书房"茧庐"，因以"茧庐诗词遗稿"名焉。

女　程育真谨跋
一九八二年六月于纽约

六、定居苏州

1916年秋，天空清水般澄清，田野里飞金点翠，深邃的小巷中飘出阵阵桂花香，程小青来到秀丽的苏州。

程小青此行是全家乔迁到苏州定居。其原因是程小青应苏州景海女子师范学校之聘，担任该校国文教师。这亦使程小青有一个安静环境、专心创作的夙愿得偿。

苏州与繁华喧闹的上海迥然不同，古朴、谧静、典雅，是座天地不大而有特色的古城。城里人少车稀，弯曲狭窄的街巷中，听不到叮叮当当的电车声，而秀美的园林、高耸的城垣、巍峨的古塔、小桥流水等遍布城里城外，仿佛是个幽静的人间天堂。

程小青搬迁到靠近葑门的百步街，同正在东吴大学教书的好友戴逸青做邻居。百步街是一条很短的小巷，约行一百步就能从北边的望门桥路口，走到巷底的砖桥，但街景具有典型的苏州水乡风光。巷两旁大屋顶平房黛瓦粉墙，整齐清洁；巷的南端连着高耸的石拱桥，流水环绕；巷中铺着细碎的花岗岩卵石，古朴野趣。程小青来到古城安居，心情十分舒畅。他站在小石桥上，凭栏眺望：远处是依依的垂柳，高大的城墙和葑门的水城门；近处是东吴大学的整齐的驳岸，汩汩的河水从城内流向城外的大运河。多么富有诗情画意！多么幽雅美丽！！这正是程小青向往的地方。

转眼几年，程小青迁居到望星桥畔的严衙前。1923年，他在寿星桥（现名望星桥）堍建造了新屋，从此就定居在此。新屋门上钉着一块镌着"茧庐"两字的铜牌，此二字为程小青所题，寓意新屋似蚕茧那样小的陋室，程小青晚年也号称自己"茧翁"。茧庐前是条一米多宽的小弄堂，内是三开间的平房，富有苏州庭院建筑风格，雅致小巧。中间是客厅，左右是卧室，房前垒着花坛，栽植姹紫嫣红的月季花、牵牛花、凌霄花、迎春花。屋后小园种着碧绿的蔬菜。女儿育真从海外寄来的月季花名贵花种，开得十分美丽，朋友们纷纷前往观赏。程小青很高兴，欣悦中作了一首七绝《家园月季》：

栽得名花四季春，嫣红姹紫总多情。

小园日涉备成趣，一片才凋一片新。

每到春秋两季，群芳争艳，美不胜收，亲朋好友远道而来，一睹为快。程小青不断写出咏花诗，下面选刊四首：

咏迎春花

枝头金盏密如鳞，喜共东风照眼新。
纵说寒梅开最早，早花灼灼有迎春。

题月季花

猩红霜白又微黄，花绽满园处处香。
占尽春花谁不美？秋来依旧斗芬芳。

牵牛花

晓起牵牛灿灿星，白边红紫太娉婷。
层层翠叶遮阴好，装点西窗挂彩屏。

凌霄花

高高枝末凌霄花，绿枝攀墙向上爬。
一阵晚风轻拂掠，花瓣零落夕阳斜。

花园中一畦新鲜蔬菜，随时可以摘撷，佐餐可不用求市。
平房东面，还有一幢二层小楼房，是程小青的写作间。文房四宝摆放得整齐有序，一沓沓线装书、精装本堆放得满橱满桌。程小青在写作间里默默笔耕，写出了《霍桑探案》，翻译出《斐洛凡士探案》、"福尔摩斯探案"系列、《圣徒奇案》《柯柯探案集》《陈查理探案》等，共达数百万字。程小青在小楼房内度过不知多少不眠之夜。

小庭院墙外是一片沃野，可望见远处的农家炊烟、田地耕作的情景，可闻到阵阵微风吹来的田野散发出的馨香。这里比百步街更幽静、更迷人，另外给人一种美的感受，程小青十分逸乐。

离茧庐前寿星桥朝南二百米左右，有一条不大宽的街，叫天赐庄。街底有两所教会学校，一所是朝南的景海女子师范学校，一所是朝北的东吴大学。东吴大学有位美籍教授许安之和他的夫人——博习医院院长柏乐文的女儿，聘请程小青夫妇当他们的吴语教师。程小青夫妇为此编了一本吴语课本，从苏州话的单词讲起：倷、伊、阿是、格末、哪亨、勿要、蛮好、好婆、阿爹、花头经、瞎说三千、龌龊……他选入了常用的二百多个单词，联系苏州的风土人情、民风习俗，解释单词的意思，教得通俗易懂、生动易学。年轻的许安之夫妇学吴语的兴趣很浓，不到半年工夫，许安之的苏州话讲得流利，聪明的妻子说得更灵，吴侬软语味道十足。程小青也虚心向许安之夫妇求教英文的语法和文章的结构。他们互相学习，互相增进。教吴语这个机会，使程小青阅读英语的文学作品和翻译侦探小说的能力，进入了更高的境界。

程小青在景海女子师范学校、东吴大学附中教国文，他讲课引经据典，深入浅出，联系实际，培养学生的观察力、思维力、分析力。有一天，他身着深咖啡色西装走进教室，点名之后，突然用书贴在胸前，遮去蓝色的领带，问学生："谁能说出，我今天戴的领带是什么颜色？"学生对老师突然的提问感到惊诧，有的答不出，有的回答错。程小青就以此为例为开场白，扼要说明了本课要讲的内容：培养观察力与提高写作水平的关系。学生们对程小青的教书修养非常钦仰，学生间广为称颂。有的学生即使功成名就，仍旧不忘程小青的业绩。在程小青八秩寿庆时，有六名当年是高才生、如今为有名学者的学生王鼎兴、汪泓宏、丁兆璋、杨建奇、严正、唐鄂生，特地约定从外地到苏州，专程登门祝贺，给老师拜寿，吟诗贺喜，拍照留念。六位学生回忆说："程先生教语文，讲究逻辑，对文章分析透彻，语言生动活泼，听先生的作文课，很有劲，很有兴趣。"有名学者对中学老师的寿辰铭记在心，是不多见的。

世界著名画家达·芬奇认为，眼睛是心灵的窗子，它是知解力的主要工具，耳朵处在其次。从某种角度来说，作家写文章也是在绘画，好的小说读后使人如临其境。与其说作家有一双神奇的手，不如说他们有一双神奇的眼睛。天赋往往蕴藏在作家的观察力中。程小青正是具备了一双能对人和物观察得细致入微的眼睛，因而在笔端上勾勒出一幅幅具有鲜明个性、栩栩如生的画面。

在教学之余，程小青创作更加兢兢业业，作品陆续发表在上海的《小说海》《红玫瑰》《小说大观》《旅行家》等刊物上。他人在苏州，名声不胫而走，传遍全国。他的作品虽属短篇，可有自己的风格，富有艺术魅力。他还勤奋翻译柯南道尔的"福尔摩斯探案"系列，是我国侦探小说创作行列中的先行者。有一位朋友打趣地对程小青说："青兄，你脑袋大过众人，这是得天独厚呀！"程小青真的沾头大的光吗？不是的。在他70岁寿诞所作《七十述怀》诗中的两句"午夜咿哦忘漏歇，晓窗挥洒惜春残"，正是他勤必有果的生动写照。也许那位朋友，并不知晓程小青躲在陋室埋头笔耕的情景吧。

七、"东方柯南道尔"

侦探小说的欧风东渐，给中国的文坛带来了新的变化，文艺园地里生长出一批土产的侦探小说。已为人知的作者和作品，除了程小青的《霍桑探案》，还有陆澹安的《李飞探案集》、俞天愤的《中国新侦探案》、赵苕狂的《奇怪的呼声》等。这些作品虽然设想奇特，图文并茂，有的插图还是用搭布景真人扮演拍摄的照片，但没有能使作者立稳脚跟，作品也就昙花一现。只有程小青坚持不懈地在这片文学园地的新畦町里耕耘。

程小青定居苏州后，同作家刘半农、周瘦鹃、陈栩等人，合作翻译英国柯南道尔的名著"福尔摩斯探案"系列。这部作品出类拔萃，一出版就轰动文坛。销售量日增，出版商也喜溢眉宇。

程小青在翻译中得到了教益和启发，加深了对侦探小说的理解和认识，他说："在小说的天地里，侦探小说不仅有离奇曲折的布局，引人入胜的情节，还有严密的逻辑推理，富有启智益慧的作用。侦探小说是别开蹊径的文学样式，是化了妆的科学教科书。"在日夜兼程的翻译中，程小青感到大侦探福尔摩斯的形象十分可爱，觉得犹在眼前。他研究福尔摩斯产生的时代背景、社会根源和作者的意图，他说："福尔摩斯是私家侦探，产生在以金钱为中心的资本主义社会里，这是人们看到社会犯罪层出不穷，官府和警察又无能而幻想出来的近于常人的英雄人物。作者柯南道尔塑造福尔摩斯的形象，是寄托他改造社会的希望。他写作的背景，与我生长的十里洋场是十分相似的。"所以自"霍桑探案"系列的处女作《灯光人影》刊出后，程小青就下决心把"霍桑"这个传奇人物塑造下去，创作出系列故事，让霍桑像福尔摩斯那样，凭着高度的智慧，遵循科学规律去除暴安良，伸张正义，为受着种种冤抑迫害的小人物出一口气，抨击勾结帝国主义的军阀、党棍统治下司法制度的腐败，治安机构的无能及其他罪恶行径。

为了丰富法学知识和提高写作技巧，程小青接受美国某大学的函授教育，专门进修罪犯心理学和侦探学。他研究了美国的《法医学》、法国的《犯罪心理学》和美国学者韦尔斯的《侦探小说技艺论》，还研读了我国的《洗冤集录》。《洗冤集录》是世界上最早的一部较完整的法医学专著，记载着血流的状态、淹死的情况、刀刺的痕迹等知识，教人辨别死者是如何遭不幸的。程小青手中握着法医学这把金钥匙，开启侦探小说这扇神秘的大门。他又广泛涉猎历史、地理知识、风俗民情和最古老与最现代的科学知识。他还每天从报纸、广播，甚至道听途说中收集各种大案小案、奇事怪闻，从中进行分析，做出多种判断，与事实对照、验证，锻炼自己的推理力、判断力、想象力。在动笔前，程小青先画情节草图，再创作曲折变幻的细节，在大曲折中，增加小曲折，仿佛剥茧抽丝，一环扣一环，使人难以捉摸，直至破案，才猛然大悟。构思时，程小青常常天蒙蒙亮就起身，或在院子内，或在巷中偏僻地方，冥坐水边石畔，开动脑筋。等到天色发白，群鸟出林，他的腹稿也初具结构，就回屋命笔。他躲进书房，自己讲述，别人记录，自己再整理润色，几乎每篇都出口成章、落笔成篇。在他的笔下，《霍桑探案》逐渐同读者见面。多年间，他创作出《珠项圈》《黄浦江中》《八十四》《轮下血》《裹棉刀》《恐怖的活剧》《舞后的归宿》《白衣怪》《催命符》《矛盾圈》《紫信笺》《魔窟双花》《两粒珠》《江南燕》等多篇侦探小说。

程小青塑造的霍桑及他的同伴包朗，都是在法律范围内，运用他们的专门知识、聪明的判断、冒险勇敢的精神，去探索那些情节繁幻、疑雾重重的案情，直到真相大白，水落石出，给读者合理的分析和解释。因而，在他的侦探小说作品中，极少使用武器，少有枪声刀影，拳打火拼，完全用真相假象的分合、逻辑推理的隐现，组织小说的情节，编织成引人入胜的故事。

由于程小青出身贫寒，体验到人间的冷暖，对于别人的遭遇在感情上产生共鸣，尤其同情被损害、被奴役的社会下层人物。在他的《霍桑探案》中，大都是歌女、舞女、妓女和劳苦大众。作品有力地揭露了资本家及其恶势力的为富不仁和鱼肉民众的卑劣手法，暴露了旧中国社会的腐败，深受很多读者的好评。不少文学评论家撰文赞扬他的作品，是理智的结晶；赞誉程小青是中国的柯南道尔。

程小青著的《霍桑探案》，是他经年累月笔耕而成。他自辑《霍桑探案汇刊》两集，后又有多卷《霍桑探案》发行。还自辑《霍桑探案袖珍丛刊》，全集共三十册，包括七十四篇，洋洋近三百万字，由世界书局出版。这一版本，是各种版本中相对最全的选本，程小青在结集前，又做了润色，有的还改写，是他最满意的版本。其中，如长篇《活尸》约十四万字，短篇《请君入瓮》约三万字，都修改得迷离扑朔，扣人心弦，真是长有长的构思，短有短的妙处。

纵览《霍桑探案》全书，这是一部迥异于一般侦探小说的作品。霍桑并不是万能的神，而是现实生活中有血有肉的人。案情不一味追求情节的怪诞、恐怖和感官刺激，而是通过私家侦探破案来着力反映旧中国的政治、经济、文化等种种社会问题。文中插入生动具体的场景，有声有色的动作，是集科学、司法、文学、艺术等之大成。在那里，静与动相结合，风景和丽日相间，官官民民，男男女女，各有其生活经历、心理活动、思想感情和性格特点。全书围绕机智果断、不屈不挠的霍桑同诡计多端的犯罪分子所作之斗争，形成一个错综复杂、绚丽多彩的特殊的艺术世界。

《霍桑探案袖珍丛刊》世界书局 1941—1945 年版

八、"霍桑"外传

　　侦探小说《霍桑探案》闻名遐迩，使一些人猜测程小青做过侦探工作，《霍桑探案》就是作者的写照，霍桑就是作者的化身。

　　时常有人打趣地问他："程先生，最近在侦查什么案子？"

　　特别是有一次，东吴大学的一位教师满头大汗地跑来找程小青，说学校里一台分析天平被窃，要求程老师帮助破案。程小青诧异地说："你是否找错了人？我不是侦探。"那位教师苦笑地说："程先生，请别推辞。如果你不是侦探，为什么《霍桑探案》能写得那么神！"

在一生中，程小青是没当过侦探，却从写侦探小说中懂得侦查的调查求证、分析推理。遇到一些疑难案件，把思索的结果，提供给对方，有时竟能奏效。

二十世纪三十年代，日本驻南京总领事馆副领事藏本英明突告失踪，成为举世瞩目的重大新闻。程小青分别致函给南京市政府、首都警察厅等。信中说：只要掌握藏本的个性特点，生活、家庭、工作各方面的情况，再了解近期他有无受到重大刺激、有无奇特言行等，并且加以分析，是会很快找到其人的。当局收到信时，已是案发五日后，藏本已在中山陵园寻获。但南京市政府仍为此事特向程小青发出谢函。

程小青有个至亲的太太，一天清晨，发现戴了二十年的一枚戒指不翼而飞，疑心被女用人所窃，找程小青分析研究。程小青了解到钻戒在前一日晚上临睡前还戴在手指上，门窗又无损，隔日早晨起身洗过了头才发觉失踪。因而他断定戒指绝非女用人所偷。后来真的在倒洗头水的阴沟中找到了钻戒。程小青解释说："钻戒戴了二十年，当然很光滑，而洗头必用肥皂，肥皂性滑，戒指再为乱发所牵，就很容易滑入洗头的污水中。"

有一年秋日，程小青同好友赵芝岩、姚苏凤、徐碧波游览姑苏郊外天平山、灵岩山。在木渎镇投宿时，临近薄暮，路过镇上严家花园，见门还未关闭，就进园以尽游兴。严家花园因年久失修，陈旧荒凉。姚苏凤心惊空虚，忽地退缩下来。程小青见他如此胆怯，在他背后举起小竹竿振臂大呼："我刚从山上折得'降魔杵'来护送你大胆前进，苏凤向前走！"接着，程小青学着福尔摩斯持着手杖走起路来，四个人都齐声大笑。

1927 年以前，苏州还没有正规的电影院，电影只在青年会、乐群社、新民社、普益社等几家教会礼堂不定期专场放映。1927 年 7 月 25 日，程小青和南社社员钱释云、翻译家叶天魂、苏报编辑徐碧波集资，在五卅路公园里创办了一家具有发电设备的电影院。该院放映机是德国最新机器，光线充足，院内座位五百，宽敞舒适，装置电扇，空气流通凉爽。

一天晚上，程小青骑着邓禄普老头牌镀铬自行车来到自己集资创办的这家电影院（名公园电影院），车子停放在电影院大门旁侧，用链条锁锁住。电影散场出来大吃一惊，停放的自行车已不翼而飞。他询问周围人，大家都说未曾留意，也提供不出什么线索。"霍桑"遇贼的消息，却不胫而走，瞬时间传遍苏州城。自行车被偷，怎么办？报警去，他忽想起在《霍桑探案》中的无能的侦探长的角色形象，自己对警察的破案能力，早有评价，下决心亲身体验一下当侦探。

于是，程小青对丢车事件先做出初步分析。当时公园电影院门口经常停放三四辆成色比较新的自行车，而没有听说过被偷走。如今偏偏他的那辆被窃，这不大像是贪财起念的案件，多半是酷爱镀铬自行车、无钱购买而缺乏道德观念的青年干的蠢事。根据他已掌握苏州城内行驶自行车的牌号、规格，程小青又做分析，得出三条假设：一、镀铬自行车在苏州极为稀少；二、自己不经常骑车到别处去，作案者可能就住在公园附近，或者经常走过公园电影院；三、作案者得手后，一定把车辆改头换面，不可能就照原样骑上街，否则必然败露。程小青把公园电影院作为中心，逐渐由里向外，走访各街巷、摊贩。他把自行车的牌号、特征、标记都告诉他们，请他们随时留心，提供有关线索。他还到附近的自行车修理店去打听，有没有不该修理而被送来修理的自行车，或是自行车的某些零件。日子一天天过去，但老头牌自行车仍影踪全无。程小青家里人对寻找车子灰心丧气，而程小青却胸有成竹，在夜深人静时，叉着双腿坐在书房中的沙发上沉思。他觉得偷东西者一时不可能骑车上街，要避风头。只要车子尚在苏州，日后一定会露出破绽。一天，程小青走过五卅路一家自行车修理店，发现店内墙壁下，放着一副刚刚涂上黑色磁漆的自行车挡泥板。他走进店弯腰细看，看出这是一副崭新的自行车挡泥板，挡泥板的反面，那发亮的喷漆还在闪闪发光，整副挡泥板丝毫不见有破损之处。奇怪，他忖度着：新的挡泥板涂磁漆是件反常的事。隔日，公园旁民治路的一家烟纸店老板告诉他，曾看见一个青年骑着一辆把手、轮圈雪亮的自行车，但自行车似乎没有挡泥板。程小青把这两件事联系起来，似有所悟，难道那副新漆的挡泥板就是从这辆车上拆下来的吗？是偶然的巧合吗？他立刻去问那自行车修理店的工人："那副挡泥板是什么牌子？什么人拿来的？"师傅告诉程小青："后挡泥板上印有一个老人头的商标，是一个青年男子拿来，要我在挡泥板上罩一层黑漆。"事情十分清楚，挡泥板涂黑漆是想掩人耳目，是做贼心虚的表现。他问清那个小伙子来取挡泥板的时间，就提前到修理店去等那个青年。

果然，到了时候有个青年来取挡泥板。这个小伙子经不住程小青的几下盘问，就老实地带程小青到他家里去，推出那辆失踪的老头牌自行车。车子完好无损，只是缺了一副挡泥板。那个青年人承认自己利令智昏，干了一件犯法的事，漆挡泥板是要遮人眼睛，想不到欲盖弥彰，败露就在这一着上。对于这个青年，程小青考虑到他的前途，加上他又是初犯，就教育一番，结了这桩案子。

老头牌自行车物归原主后，程小青就给了大儿子骑，自己又买了一辆英国制造的邓禄普自行车，但这辆车的一只坐垫已被车行老板换掉。抗战期间，程小青逃难离家，两辆自行车丢在家里，被人拿走。六十年代，70 岁的程小青又买了一辆兰令牌自行车，故世后这辆车给第二个儿子使用。

1964 年 7 月 12 日，程小青为庆祝 70 岁生日，在家中设寿宴招待亲朋故友，徐碧波、郑逸梅、周瘦鹃、范烟桥、蒋吟秋等诸友都去祝贺，气氛十分热烈，宴毕摄影留念。傍晚，程小青在庭院中纳凉，躺在一只木架帆布躺椅上。不料，椅子的铰链没有旋紧，起身时身躯偶然一转侧，左手小指竟被轧着，隐隐流血。

好友朋辈忽闻程小青遭受轧指之厄，前来慰问。好友对他开玩笑，说程小青数十年前曾在《礼拜六》周刊上，写过一篇叫《断指团》的侦探小说，今天他们推戴程小青为断指团的领袖了，也许这是"报应"吧！

程小青写诗以谢之：

> 小劫无端到指尖，况逢暑气正炎炎。
>
> 喜看天际鸣鸿疾，饮得醍醐意自甜。

世界上的事情往往会巧合的，写书人竟应了书中的事。

九、酷爱电影和书画诗

程小青在我国侦探小说翻译和创作圈中，有超过前贤的创见和贡献，赢得世界范围内的声望。直至今天，他的作品还成为国外一些汉学家研究的对象。专门研究中国法制文学的美国纽约圣若望大学历史教授、汉学家金介甫博士（Dr. Jeffrey C. Kinkley），应中国社会科学院的邀请，来华调查研究，收集资料。1990 年，他专程来到苏州，访问程小青的大儿子程育德，当看到放在书架上的几十册程小青翻译外国侦探小说用的原版书，惊叹不止。金介甫非常钦佩程小青的创作成就，他说："程小青以惊人的毅力，流利的文笔，写出大量有中国特色的、案情迷离扑朔的侦探小说，是位了不起的侦探小说的翻译和创作家。"那些原版外国侦探小说，是在十年动乱后由程育德找回来的。金介甫将为程小青的写作经历撰文、报导。东方福尔摩斯将以中国的霍桑的形象出现在美国的文坛上。

程小青还善撰电影剧本。

1926 年，商务印书馆活动影戏部摄制影片《母之心》，这是由陈趾青根据程小青的原著改编而成的，由杨小仲导演，邬丽珠主演。程小青喜闻自己的作品能搬上银幕，对电影创作产生了浓厚的兴趣。在抗日期间，创作了许多部电影剧本。

上海是现代化的都市，又是人文荟萃的地方，颇具规模的电影制片厂也有数家，居全国之首，影坛人才济济。程小青涉足影坛，先以自己熟悉的侦探案件为题材，1931 年入手编剧。当年，他为明星影片公司创作了《窗上人影》，为友联影片公司创作了《舞女血》。《窗上人影》的女主角宣景琳，也是程小青推荐的。她是我国第一部有声影片的主角，苏州人。因侦探影片在众多的故事片中鹤立鸡群，这两部新颖影片一放映，卖座率很高。以后，程小青又为明星影片公司编写了《可爱的仇敌》，为梅岩影片公司编写了《江南燕》，为国华影业公司编写了《血泪鸳鸯》，为金星影业公司编写了《雨夜枪声》《红泪影》等侦探影片。

程小青除了创作侦探片，还创作古典历史剧和现代剧，知名的有《孟丽君》《梅妃》《杨乃武》《董小宛》等。《董小宛》一上银幕，就轰动起来。影片中的男女主角是由著名演员舒适和周璇扮演。舒适在东吴大学附中念书时叫舒昌格，是程小青的学生。片中周璇演唱的主题歌的歌词为程小青所作，也是上乘，备受制片商和观众的青睐。而且他的创作节奏很快，仅 1941 年这一年就创作出《新美人计》《夜深沉》《奈何天》《金粉世家》《梦断关山》《故城风云》《雨夜枪声》《梅花》《红泪影》等九部影片，真是影片快手、高产作家，为发展我国电影事业作出了贡献。他和他的作品在我国的电影史上占有一定的地位。抗战后期，程小青在上海对自己发表的影片剧本一一整理修改，以备抗日胜利后再版，惜以出版之事未如愿。

程小青还酷爱字、画、诗。他的诗写得很出色，又爱挥毫泼墨，谈字谈画。

程小青曾收集过名人书画三十多册，画册配上润红的楠木面，上镌款识，优美精雅。在写作之暇，程小青常常取出欣赏，成为他精神上的一种慰藉和享受。日寇侵华期间，程小青携妻带儿避于黟县，册页因夹板装帧，笨重累赘，只得寄存在东吴大学内。不料，校园遭到日机轰炸，三十多册书画全部化为灰烬。当他从皖南到上海，得悉画册遭殃的消息，宛如晴天霹雳，他对朋友说："这种精神上的损失，痛定思痛，不知何时始得释怀。"

早在二三十年代，程小青开始学国画，拜与著名画家吴湖帆、吴待秋齐名的名家陈迦盦为师，与著名画家张辛稼是师兄弟。程小青学而不厌，默而识之。他的画凝重中透着空灵，看过他的画的人，无不赞赏其构思的巧妙和内涵的深邃。现在他儿子程育德家中还处处挂着其父亲的字画：寒梅虬枝铁干，青藤萝蔓硕果，山石云海松涛，流泉飞瀑冷月。猛不丁走进去，好像来到书画展厅。

程小青的书法清秀大方，遒劲有力，墨韵渗化，含情幽幽，情感并突。平时，他与文友切磋书法艺术，成为他生活中的一大乐趣。

程小青的诗作十之八九是七言律诗。在创作侦探小说之余，他的大部分精力倾注在作诗吟诗上。在他一生中有两个创作诗歌的高峰时期：一是在抗战避难皖南黟县时；二是在二十世纪六十年代和七十年代。虽然两个创作高峰的时代背景不同，但都因侦探小说不景气而有时间专研诗词所形成。

黟县群山环抱，奇丽多姿，景色天成。程小青住在叶村。村里的老乡大都姓叶，很多成年男子出山在沪、杭经商，贩销茶叶、瓷器等皖赣土特产，妇女在家务农。男的赚钱寄回家，家里人省吃俭用，一般家庭经济还比较富裕，念书的人也多。当地历代中，曾出过进士三人。从高高地悬挂在叶氏家祠牌楼上的匾额中，可以看到三位进士的姓名。正由于山中出了文人，叶村建造了"培玉山房"藏书楼，古籍善本，堆放盈室，便成为程小青和他的东吴大学及附中同事避难的投宿所。

程小青带着苦涩忧郁和盼望抗战早日胜利的心情来到山区，除了教务工作以外，每天跟古籍交朋友，同诗词称莫逆。他感到生活艰辛，度日如年。他把感情寄托和倾注在诗词上，把拳拳之心写进诗句里。有一天，程小青泛舟富春江，逆水而上，微风尽情吹拂着他的面庞。小船经过严子陵钓台附近的七里泷，那里是急流险滩，浪涛翻滚，拍打着犬牙轻石和逆水而行的航船；乳白色浪花的飞溅声，夹杂着船上冲逆水顶竹篙而发出的低沉吼声。程小青目睹祖国壮丽山川，耳闻汹涌的涛声，心旷神怡，欣喜流连，不由得吟出唐代诗人孟浩然的五言诗《经七里滩》："叠嶂数百里，沿洄非一趣。彩翠相氛氲，别流乱奔注。钓矶平可坐，苔磴滑难步……"在安徽黟县这段时间，程小青胸中有一股生气，自然的营养滋润心田，笔下世界绚烂清明。他几乎天天吟诗赋词，累积所写的诗歌汇集成册，题名《待曙吟草》。可惜这本诗集后来遗失了。

在叶村，有位东吴大学附中黟县分校的学生叫汪稚青，慕名前来向程小青求教。两人一见如故，汪稚青勤恳刻苦，常常登门问业，博得程小青的好感。程小青很赏识他才思敏捷，嘉勉有加。校址从黟县搬到上海后，汪稚青到沪探亲，又拜访程小青。程小青为他谋到夜校代课一差，抗日胜利后又介绍他在苏州桃坞中学任教。两人以文结成忘年之交，常相往来，切磋诗词，程小青如对自己的侄子一般对待他。可见，程小青不但爱诗词，也爱诗人的情谊。

程小青写诗词，喜写七言律诗。写七言律诗是一种极为艰苦的艺术创作，必须反复斟酌，认真推敲每一个字、词、句和短语，还须讲究逻辑、句式，调御声律，求得妥帖。尤其是在练意上，还得去捕捉自己经受到、体验到，或是未意识到，或是似乎朦胧感受到的意念。程小青的七言律诗，大多直抒胸臆，酣畅淋漓，托物寄兴。六十年代和七十年代，他写的诗，内容或是自然风物，或是名胜古迹，或是歌颂新时代的成就，或是赠友交谊，灵感袭来，奋笔疾书，一气呵成。

苏州城中，有众多的私家宅园，结构精巧，布局各异，风格独特，秀丽而深沉，古朴而高雅。到了六十年代，苏州园林焕然一新，中外游客纷至沓来，交口称道。程小青目睹苏州园林的兴衰变化，浮想翩翩。1962 年 7 月，他文思汹涌，欣喜命笔，一挥而就，写下了七律《苏州园林》十二篇，沧浪亭、狮子林、拙政园、留园、网师园、怡园、环秀山庄、西园、寒山寺、虎丘、天平山、灵岩山等，对苏州著名的名胜，留下了他颂扬的诗篇。他感物咏志，每首诗都尽力写得情景交融，富有新意。

如《虎丘》：

> 山塘七里路悠悠，绿水桥西是虎丘。
> 孙武亭前芳草细，生公坛下白莲稠。
> 千人碧血凝须石，万树苍松衬画楼。
> 欲豁吟眸登古塔，鳞鳞红瓦满平畴。

十二首园林诗写毕后，程小青仍觉意犹未尽，又添附一律，表达他对新生的苏州园林的赞美：

> 几百年来才掩没，慧心巧智筑园工。
> 飞楼叠阁原无比，曲水方塘迥不同。
> 湖石纵横堆砌力，花窗拼凑构思功。
> 如今归属人民有，万紫千红衬碧丛。

程小青对苏州园林十分厚爱，以后每到一处，必写一首。

诗人借景抒怀，吊古喻今，写下了《虎丘之秋》《虞山雾海》《常熟兴福寺山溪》《赴东山途中所见》等，诗句洋溢着对新气象、新事物的热爱。年届八十三高龄的程小青思路仍然敏捷、清晰，以饱醮的激情，歌唱技术的新进步。1976 年 4 月，他在赴东山游览途中，见到田野里薄膜育秧，心中十分喜悦，接连赋诗三首，其三写道：

菜花初旺夹深沟，隔岸秧田覆益周。
塑料发明便益处，一年三熟不须愁。

六十年代初，程小青跋涉数千里，踏遍江浙名山大川，几乎每到一处都感慨不已，抒写下一篇又一篇歌颂祖国美好山河景色的华章，颂扬欣欣向荣的新中国。1961 年 7 月，他在浙江雁荡山畅游十天，看到公路四通八达，山沟地灯通明。观光归来，回忆起所见的雁荡新气象，仍然激动不已，写下了《游雁荡》《雁荡山困雨》，爰赋两律，借心胜游。同年十一月深秋，程小青又来到浙江桐乡、海盐及富春江两岸，看到红红紫紫的成林乌桕，美丽如画。乌桕的叶似鸡心，白色的子如璎珞。乌桕是观赏和经济两用的佳木。面对乌桕，程小青发出《咏乌桕》的赞叹："累累珠串添财富，片片雄心供彩描。"歌咏乌桕，情系社会，诗人的意境高超。

1962 年 9 月，程小青应邀赴首都参加国庆十三周年活动，30 日夜晚观看天安门广场上空色彩斑斓的焰火，写下了七律《花雨》：

缤纷花雨落高空，长安街头喜气浓。
曾是瑶池翔彩凤，直疑紫府骋游龙。
繁星乱窜遍天白，华盖频张压顶红。
今夜嫦娥应暂避，惊雪鼓破广寒宫。

国庆节日前后，程小青在北京参观，心潮澎湃，就在北京撰写了《登长城八达岭》《游卢沟桥》《颐和园八景》《首都巡礼》《人民英雄纪念碑颂》等二十首诗歌。这些新作表现出他对国家、人民的强烈感情。他那爱祖国、爱人民、爱社会主义的情怀，始终贯穿在每篇作品中。

隔年，程小青又游览了无锡、桂林、长沙、南京等地，写出了《游无锡》《漓江舟中》《游南京莫愁湖胜棋楼》《桂林吟》《漓江晓行》《长沙岳麓山》《阳朔双洞》《桂林城中独秀峰》《阳朔碧莲峰》等二十多首诗词，尽情抒发他热爱祖国大好河山的情愫。

1963年4月，我国乒乓健儿获得第27届世界乒乓球锦标赛冠军，程小青欣喜若狂，大发诗兴，立即赋诗颂之：

乒乓上届已领先，记录蝉联又一年。
出谷新莺声嘹亮，凌空白鹤色鲜妍。
赢来轻快五比一，看得沸腾万与千。
高举锦标惊世界，红旗飞舞艳阳天。

程小青在诗词园地辛勤笔耕五十余年，成就卓著。尤其在晚年，满腹的精神和文采，全凝结在笔端，写下的不少诗篇中有《南京长江大桥》《贺南方昆剧观摩公演》等富有时代气息的作品。诗中浪漫情调和理想色彩相结合，憧憬自由，向往奋飞，表达对祖国繁荣富强的美好祝愿。

在程小青七十寿辰之际，他忆想逝去的七十春秋中历经的数十年忧患，抚昔感今，欣逢盛世，情不自禁感谢共产党的英明领导，吟咏七律《七十述怀》三首。他把自己历经岁月的叹喟和感悟，以及老骥伏枥的心情，淋漓尽致地表达出来：

其一

少小孤寒门祚单，年华七十几辛酸。

常多鬼魅挑心眼，偏寡亲知掬肺肝。

午夜咿哦忘漏歇，晓窗挥洒惜春残。

沧桑世局曾经历，冷暖人情欲话难。

其二

壮年志气未偷安，欲跨大鹏万里搏。

世乱有心驱猛虎，陆沉无计挽狂澜。

早怜椎髻栖茅屋，却喜芝兰苗翠峦。

栽李培桃曾着力，虚声惭愧列文坛。

其三

变革玄黄感万端，除霾扫尽兆民欢。

荆妻同岁身犹健，文字有灵砚不干。

风格转淳人敬老，康庄在望我弹冠。

丰功伟业无穷事，载笔更期百尺竿。

十、抗日忠魂

1937 年 7 月 7 日，日军发动卢沟桥事变，开始全面侵华战争。中国军队奋起抵抗，从此开始全民族抗日战争。

当时，程小青在东吴大学附中执教，日本侵略者进攻上海的消息传入他耳中，无心写作。在新学期开学之前，程小青随着东吴大学附中的一批教师先到浙江南浔，然后到安徽黟县。

1938 年 1 月，程小青同孙蕴璞等同事，一起在黟县创建第一所中学，借碧阳书院原址开设东吴大学附中皖校。以往，这个县的小学毕业生升中学，需要远赴屯溪或宜城，因而前来报考的学生很多，也有远处的祁门、太平来的学生。东吴附中皖校的开办，对于黟县教育事业的发展，人才的培植，民众文化水准的提高，时事政治的传播，都起了很大的推动作用。

在皖南的日子里，程小青经常与文友吟诗言志，寄托他忧国忧民的思想情感。他深信不疑地断言：抗战终必最后胜利，中国必将复兴强盛。

夏季，东吴大学附中在上海租借基督教慕尔堂复校，电召校友到沪工作。程小青与同事离开黟县来到上海。东吴附中皖校由叶芳珪和复旦大学校友接办。他们在这个基础上，又筹建起复旦附中皖校。太平洋战争爆发，学校被日寇占领，在上海复校的东吴大学附中又停办。但是教师的爱国之心、崇教之心矢志不渝，他们在新闸路租到一所房屋，创办正养中学，寓意东吴校训"养天地正气，法古今完人"，原东吴大学附中学生转入正养中学继续就读。抗日战争胜利后，正养中学得到东吴校董会的认可，学生全部算作东吴的学生。

日寇铁蹄践踏下的上海，文化界也倍受蹂躏。程小青不因学校停办生活窘迫而变节，仍持正不阿，兀然不变。有一天，几个变节分子找上门来，妄想利用程小青在文学界的地位和读者中的声望，要他为汉奸刊物写稿，并给予丰厚稿酬。程小青无视他们的利诱，不惧他们的威胁，严厉拒绝，决不同流合污。一次，程小青得知他们又要来纠缠，在好友徐碧波的帮助和掩护下，躲进他三层楼上的亭子间，总算免去麻烦。当时，程小青与他人合编《橄榄》杂志，在创刊号上所作开场白中有这样一段话："我们每天吃橄榄的时候，往往觉得苦涩得很，可是经过一些时间，味道便会变得甜津津的！"程小青用含蓄隐约的语言，表达他不畏强暴、热爱祖国的心情。不多久，《橄榄》杂志因为有几篇文章和几幅漫画对社会抨击强烈，仅出了五期，就被当局强令停刊。

程小青的爱国主义思想和气节，在长达十四年的抗战中从不动摇，而且越发显得熠熠闪光。

抗战时，程小青生活贫寒，叫儿子、儿媳和女儿自谋生计，大儿子在药厂当技术员，儿媳、女儿在中学教书或代课。

程小青日常穿的衣服，都采用国产料子，不用洋货。

1937 年，他以稿酬的积蓄，在苏州盖新房，全部用国产木料和中式砖瓦。新房刚造成，程小青就去安徽避难，房屋被苏州监狱的范典狱长占据。程小青不愿意进出苏州城门口时向日本兵低头鞠躬，就不回苏州而到上海整理《霍桑探案》，翻译侦探小说，创作电影剧本。作品发表时不用真名，改用笔名"程辉斋"、"金铿"。

程小青在家庭教诲孩子、在课堂教育学生、在创作的侦探小说中，都充满了正义感、民族情。程小青生性正直，对美善的爱和对丑恶的恨，在他的身上，在他的文章里都是鲜明的。读了他创作的侦探小说，便可以看出程小青的创作，是以中国为背景，是纯粹的国产侦探文学。霍桑这个侦探小说的主人公的思想和行动，不但表现了作者的智慧，而且还表现作者的正义感。在这罪恶的社会中，霍桑这个人物，起到了一种制裁罪恶的力量。

十一、浅论侦探小说

1955 年，政府对淫秽荒诞书刊进行取缔。同年，《人民日报》发表了社论，文中鲜明指出侦探小说的文学性，并把侦探小说与黄色书刊区分开来。年过六旬的程小青阅完社论，心里十分欣慰，感慨地说：长期以来对侦探小说的歧视和偏见得到纠正，共产党的文艺政策何等正确。

侦探小说有"不终篇，不肯释卷"的魅力，有自己的读者群，程小青积几十年创作实践和经验，一直把侦探小说看作启迪人们智慧的教科书。他说："在人们所一般具有的求知欲的基础上，它（指侦探小说）提出一个反映社会现实的新奇的或严重的问题，凭借作品中的主人公——非职业的或职业的侦探的智慧、勇敢和百折不挠的斗争精神，遵循严格的逻辑轨道，运用正确的科学原理和方法，通过调查求证、综合分析、剥茧抽蕉、千回百转的途径，细致地、踏实地、实事求是地、一步步拔（拨）开翳障，走向正鹄，终于找出答案，解决问题。就这样，它在培养不怕困难的斗争精神、刺激求知欲、唤起理智、启发思维，以及运用科学原理和方法来分析和处理具体事物各方面，对于读者，特别是求知欲较强烈的青年读者，有着潜移默化的积极作用。"

但是，侦探小说自从西方流入中国，它的文学价值，它的功利，一直未得到公正的评价，有人歧视，有人贬低，有人诽谤。侦探小说究竟有没有文学价值？有没有艺术功利？对于这两个问题，早在 1929 年，程小青就撰写出《谈谈侦探小说》，连续两期刊登在《红玫瑰》杂志上，说明了自己的观点。

在这篇论文中，程小青谈了侦探小说的文学价值和功利观，深刻地分析了侦探小说符合文学的想象、情感和结构的技巧三要素的理由，正确地估量了侦探小说的文学地位，科学地合乎实际地阐述了侦探小说对人的启智作用。

谈到侦探小说的文学价值时的中心论点是：任何小说需要想象，而侦探小说更少不了敏锐而丰富的想象力，由此才能演绎成功又离奇，又曲折，又符合情理的情节。侦探小说的想象力，绝不低于其他的小说。侦探小说中惊骇的境界、怀疑的情势和恐怖的愤怒等的心理，足以左右读者的情绪，使读者忽而喘息，忽而惊呼，忽而怒眦欲裂，忽而鼓掌称快，甚至能使读者的身心，整个儿倾注到书本里去，而废寝忘食。侦探小说的布局的致密，脉线的关合和口语的紧凑等，都比其他小说更严格。

谈到侦探小说的功利观时的中心论点是：侦探小说除了合情的元素以外，还含智的意味，侧重于科学化，可以扩展人们的理智，培养人们的观察力，增进人们的社会经验，把"功利"两字加在侦探小说身上是名副其实的。程小青尖锐地指出："你随便问一个人'请你直接答复我，你的左手的无名指和食指，哪一个比较长些？'或问'你夫人或你自己的眼珠黄的呢，黑的呢，棕色的呢，还是淡棕色的呢？'这样的问句，虽是不分简易，但你若使在朋友中测验一下，那合格的答案，我敢说满分一定不多的。侦探小说情节，虽不外写一个侦探，在一件疑案上努力，至于他努力的方式，就着重于观察、集证和推理等几点。人们多读了侦探小说，在观察推理方面，往往会感受一种潜移默化的影响，而有所增进。"

在二十世纪二十年代，当人们还没有重视侦探小说价值和功利的时候，程小青却大声疾呼："小说的有没有文学价值，应当就小说的本身而论，却不应把体裁或性质来限制。"尽管争论的风波迭起，但侦探小说在众多的小说类型中仍独树一帜，在文学中的价值无法抹杀。

既然侦探小说完全合乎文学的条件，那么为什么在中国文坛上还没有得到普遍重视呢？程小青举出了两个原因：第一，侦探小说历史还短，美国的爱伦·坡可算是侦探小说的草创者，他的《杜宾探案》的出版在 1841 年，还不过八九十年，时间既短，其间作家虽也不少，但论到作品的数量方面，究竟还远不如其他小说。第二，文学批评家的眼光，习惯于其他小说，一旦见了侦探小说，便觉得格格不入。他们因着口味的迥殊，不期然而然地发生了成见，对侦探小说中所包含的想象、结构技巧等，也忽视掉。文学批评家所以不曾把侦探小说收容进文学领土里去，如一个人戴惯了其他眼镜，一旦教他换一副别色眼镜，就发生异样的感觉一样，这是不期然而然的偏见造成的。

侦探小说仅有一百多年的历史，第一篇发表在 1841 年，是以一头猩猩为题材的《莫尔街凶杀案》，作者是美国作家爱伦·坡，写得非常惊险离奇。俄国作家契诃夫也写过一篇诡秘动人的《空屋》。以后，美国的范·达因的《斐洛凡士探案》、英国柯南道尔的"福尔摩斯探案"系列等，也都以想象丰富、分析精致而著称，成为耐人深思的优秀作品。不过，从资本主义进入帝国主义时期，部分文学艺术遭到腐蚀影响，一切都以能刺激官能为主，渲染绑架劫杀的，或以盗窃为主题的恶劣作品应运而生，而且也称作侦探小说，使原来有积极意义的纯正的侦探小说，不免于"西子蒙垢"，又使一些人泾渭莫辨。随着侦探小说被介绍到中国来，我国作者也创作出一批较纯正的作品，但是由于我国科学落后，封建思想影响，旧式家长常以"见怪不怪，其怪自败"的观念来压抑儿童的求知心，以及有些文人的宗派主义作怪，使侦探小说一直遭到歧视，直到中华人民共和国成立初期，它还被一些人列作"黄色小说"。

1957 年 5 月 21 日，程小青在上海《文汇报》的《笔会》副刊上著文《从侦探小说说起》。文章以事实说话，举了两个例子，说明读者可以随着侦探小说的故事进展，而进行思考。

程小青说："（《福尔摩斯探案》中的《恐怖谷》叙述）一个人被猎枪击死在一座有壕沟环绕的古堡里，现场上发现一只练身用的铁哑铃。主人公认为这哑铃是关键线索。……读者怎样推想呢？哑铃是双手操练用的，不是应该有两只的吗？另一只哪里去了呀？进一步结合现实环境来考察：窗外是壕沟，哑铃是铁制的，是有重量的东西。凶手不会为了要淹没某种罪证，就用哑铃做了伴沉的工具吗？对，这就是谜底。"

程小青又举《斐洛凡士探案》中"贝森血案"一文说："被害人在深夜给杀死在会客室中。他穿着睡衣，趿着拖鞋，光秃着头，舒坦地坐在椅子上；但楼上卧室中却留着被害人的假齿、假发套，而且被褥也曾经睡过。……从这些现象来推断，凶手是个什么样人呀？凶手深夜造访，被害人毫不提防，也不拘礼，就穿了睡衣下楼接见，甚至连假发、假齿都不戴，不是显示出凶手是个跟被害人极端相熟的人吗？主人公凡士就凭这样的假定，缩小了嫌疑人的圈子，又根据其他心理的经济的因素的旁证，指出了凶手就是被害人的哥哥。"

纯正的侦探小说是在故事情节中，包含着耐人寻味的暗示：什么？为什么？怎么样？凭这些暗示，它吸引、启发和推动着读者的思维活动，读者也常常会被这些暗示所吸住，进而欲罢不能地循着作品指引的正确思维轨道，步步进展，步步深入，最后终于以揭穿谜底、解决疑问而称快。程小青和他所创作的侦探小说，就是这样以自己的心血和智慧，让读者在趣味和喜爱、艺术和惊险的濡染中，不知不觉地、自然而然地找到谜底。实际上，他对读者在分析推理的思考上进行了一次训练而了却自己的心愿。

十二、涉足惊险小说

1949 年中华人民共和国成立后，文学创作在党和人民政府的关怀下，欣欣向荣。那时，侦探小说改称为惊险小说，从事翻译和创作惊险小说的作者大显身手，尤其翻译苏联的惊险小说更多，仅《红色保险箱》一书就畅销四十五万册，一扫过去惊险小说寥落寂寞的景象，惊险小说拥有广大的读者群。

1956 年，程小青放下几十年的教鞭，离开讲坛，从事专业创作。1958 年，他加入中国作家协会江苏分会。程小青还被选为江苏省政协委员、民进江苏省委会委员等。

他认真阅读苏联的惊险小说，吸收其营养。他仔细地琢磨、对比，深有感触地说："苏联的许多惊险小说，有着一个共同的特点，书中的主人公，都有鲜明的无产阶级立场和依靠群众的作风，为了保卫革命果实和广大人民的利益，在扑灭一些破坏革命的反动分子的尖锐复杂的斗争中，表现出无比的机智、勇敢和高度的责任感。这些有力地感染着读者，使读者接受教育，收到了应有的效果。"

程小青深深感到，这一点跟他自己写的侦探小说有着本质的区别。由于受到历史条件的限制，程小青侦探小说的主人公霍桑，没有鲜明的立场，只凭一股正义感，单枪匹马和歹徒作斗争，有着突出个人的缺陷。

程小青又觉得，侦探小说和惊险小说在内容上虽有差异，但在侦破手段、科学因果上两者也有类似的地方。惊险小说中的侦查人员，在侦查的调查和分析时所运用的科学原理和方法跟侦探小说是一样的。他们都从一滴血、一根发、一个指纹、一只脚印、一些遗留物上，来辨明作案者的身份和踪迹；也用"鉴貌辨色、聆音察理"的方法，来揭露作案者的狡猾和隐蔽。这方面所具有的诱导读者正确地从事思维活动和展现紧张曲折、引人入胜的故事情节的作用，也跟纯正的侦探小说并无多大差异。

读着，想着，程小青的思绪在涌动，提笔写了篇《从侦探小说说起》，文中说："目前，我国人民民主政权日益巩固和增强，国际地位也一天天飞跃地升高，残余的反革命分子已绝不能公然活动。但是旧社会遗留下来的渣滓和受到资产阶级思想侵蚀的游手好闲、贪吃懒做的阿飞之类，社会上还有存在。这一现象决不是短时期内所能彻底消灭的。为了使社会主义建设迅速顺利地进行，跟这班坏分子作不屈不挠的斗争，是公安人员和一般人民的课题，而惊险小说的新的题材也就在这里。问题是作家们如何提高自己的政治思想、科学知识和写作水平，从而写出一方面塑造具有共产主义道德品质和科学头脑的英雄形象，一方面鞭挞和扑灭社会上的渣滓的作品，以满足广大读者的需求。此外，跟自然界作斗争的经历，也是惊险小说的绝妙题材。还有，对于旧的纯正的侦探小说，包括翻译的和创作的，似也应以'取其精华，弃其糟粕'的尺度，来重新评价，并考虑重印重译或改写，因为这类小说在启发和诱导青年正确地思想方面，确有一定的辅助作用。"

程小青的认识在升华，对创作惊险小说有了一定的思想基础和见解。他决心去闯荡一个新的世界。

他着手写反映中国公安人员保卫国家、保障人民生命财产，跟特务、反革命分子、刑事犯罪分子作斗争的英雄业绩的作品。五十年代中期，程小青的小说被改编成故事片，程小青担任影片的顾问，同时还撰写出《她为什么被杀》《大树村血案》《不断的警报》《生死关头》等一批惊险小说。各册的销售量都达到二十万册左右，其中《大树村血案》很快就销了二十二万五千册，在当时同类作品中，是发行量最多的一书。

从五十年代后期起，程小青奔赴祖国各地游览、参观和访问，北至燕山，南抵漓江，他写下了歌颂新中国、歌颂新成就的诗篇，表达了欣逢盛世、老当益壮的兴奋心情。同时，创作了《我下矿井》《高士驴》《画网巾先生》《赖债庙》《雁荡纪胜》等，把自己的心血热忱地倾注在新的文化事业上。

十三、忘年之交

在教书和创作生涯中，程小青同许多学生和文友结下了忘年之交。

那已是几十年前的事了，12岁的柳存仁跟父母住在北京。一个暑假，他偷看了父亲的藏书，特别对一部翻译的著作着了迷。这部译作的古典汉语很典雅，柳存仁对有些看不懂的地方，靠了原著的情节的吸引，囫囵吞枣似的读下去。这部书便是十二册文言文《福尔摩斯侦探案全集》，是程小青在东吴大学附中教课之暇，同著名文学家刘半农、周瘦鹃、天虚我生（陈栩）等人合译的。后来程小青和别人又把这书再从原文译作白话。程小青的笔墨，引爆出柳存仁对侦探小说兴趣的火花，他以对各国侦探小说研究尤深的造诣，成为澳大利亚堪培拉大学东方文学系的教授。在众多的侦探小说中，柳存仁对程小青《霍桑探案》的研究，有着独到的见解。他深切感到，程小青写的侦探书，有着启人心智的教育价值。

当群众出版社在1980年代重版《霍桑探案集》时，柳存仁作为程小青的好友，写了序。序的最后说："世界上现在在物质和精神文明方面走在前面的国家，侦探小说在出版界的继续蓬勃，是不争的事实。它们在文学的领域究竟有怎样的价值，可能因每一个作者的作品而异，我们自然不大容易立刻做出公平的衡量。但是做一个特殊的风派自成一格的品类（genre），它们能够获得广大读者们的欣赏和支持，是无疑的。程先生这些作品，有的已经是半个世纪以前的文字了，有的也有四十多年的历史。然而，只要读过它们的人，就会同意它们今天仍然能够吸引大量的读者。若以情节的精采取胜来说，它们的故事绝不亚于今天在各处流行的侦探小说家像 Agatha Christie[1]、Dorothy L. Sayers[2]、Josephine Tey[3]、Rex Stout[4]、Ngaio Marsh[5] 等人的著作，可是它们的情节却是中国的，其文笔的明洁流畅，叙事的清楚，分析推理的缜密周致，在同时代的作者里更是不作第二人想。可惜程先生现在逝世已有多年，来不及看到他自己的这些著作的重印了。但是我们相信这些作品的流传，广义地固然可以说是今天的中国读者们也正和世界上爱读推理小说的人能够沆瀣一气，大家共同去追求科学的客观真理，拥护人与人之间的和平相亲和正义。狭义地来说，现代化的理想，也应该从先有现代化的头脑开始。"

北京教育学院数学系副教授杨大淳也对程小青关于如何做人的言教身传，难以忘怀。杨大淳在青年时代就酷爱读程小青的著作，直至杨大淳在北京执教，依然与程小青保持书信往来。杨大淳知道程小青嗜好书画，常常选些诗书画谱寄给程小青。

1954 年，程小青和周瘦鹃同到北京，专程来到什刹海附近的杨大淳家叙旧谈文。他们一起游北海公园，程小青兴致勃勃，对园林中的对联、典故、词汇细细讲解，使久住在北京的杨大淳得到不少知识。

1963年夏季，杨大淳趁假期来到苏州，拜访程小青，师生再次见面，娱心悦目。程小青与范烟桥、蒋吟秋、周瘦鹃在松鹤楼菜馆宴请杨大淳，为他接风洗尘。席间，程小青侃侃而谈写文经验，杨大淳对他"一字之差不轻易放过"的严谨态度，肃然起敬。

8月8日，杨大淳同程小青和儿孙游览灵岩山，夜宿灵岩寺。程小青即兴赋诗赠给杨大淳：

> 迟迟月上只星浮，寂历高台古寺幽。
> 木渎繁灯仍夜市，白漫漫处是苏州。

这首七绝《宿灵岩寺夜眺》，还保存在杨大淳的身边。

程小青除了与柳存仁、杨大淳感情深笃，结下深厚的友谊，在创作活动中，他与著名作家陆文夫也结下难忘的情谊。

在五十年代中期，苏州市文联创作室新来一位小说新秀陆文夫。他以擅长描绘姑苏小巷人物而著称，同行称他陆苏州。

那时，创作室有老作家程小青、范烟桥、周瘦鹃。他们约定，每周一次在怡园品茗谈艺，然后聚餐，在朱鸿兴、松鹤楼饮酒尝鲜。苏州佳肴美馔，多彩多姿，有地理、历史、政治的背景，也有神话、民俗、传统的情趣。它们的实体中，已经糅合着文化、艺术等多方面的结晶，甚至在它们的背后，可以抽出千丝万缕、可歌可泣、今愁古恨的情愫和诗篇。每当酒酣兴浓时，周瘦鹃一面品尝佳肴，一面纵谈菜肴特色、烧法、雅名，狮子头、东坡肉、夏赏荷香、燕子归巢、全家福、莼羹鲈脍……联想翩翩。据说，陆文夫驰名的作品《美食家》，就有那时积累的素材。

在频频接触中，程小青对陆文夫倍加扶掖，甚至关心到冷热和饮食。每当陆文夫发表了作品，受到社会上的称赞时，程小青就十分高兴，往往会写一首诗赠给陆文夫，勉励尤加。有时，他还亲自拿着诗，到陆文夫的小楼上去。陆文夫的小楼，是一家小报社的宿舍，屋内只有朝西朝北的窗户，夏天热不可挡，胳膊上、脸上的汗水会使稿纸湿透。程小青看到他挥汗笔耕，眉头一皱，双眉一扬，教陆文夫一种防暑降温的方法。在清晨，就用棉花胎把窗子遮起来，再吊几桶井水放在房间里，开着灯写东西。陆文夫试了试，果然奏效。

1957年春天，百花吐艳，新枝绽绿。江苏省文联组织作家下生活采风，29岁的陆文夫和63岁的程小青同赴连云港参观、游览。年轻的陆文夫把年长的程小青当作父辈，上车下车，登山傍水，都扶携、照顾着他。可是，程小青的游兴比陆文夫高，爬险坡、下矿井，无处不去。陆文夫爬高山时，往往只爬一半，就坐在大青石上休息，还劝程小青也不要爬，不要太累。可是，程小青却喘着气从他的身旁走过："你不去下次可以再来，我以后就没有机会了。"陆文夫听了他的话很感动，一跃而起，随着他爬上山巅。站在山顶上，眼前是波浪滔滔的大海，程小青瞭望着阳光下闪闪发光的浪花，触景生情，对陆文夫倾吐了他的心愿："我的时间已经不多了，也不能再写更多的东西，唯一的希望只能把解放前的作品整理一下，重印一次。"

这番话，陆文夫听了心中明白，程小青所说的作品是指他毕生经营的《霍桑探案》，这套书他小时就读过数遍，在他少年的心灵里，播下了正义感和逻辑力的种子。陆文夫感到，这是一套启迪智慧、养成坚韧性格的好书。他听到程小青这个感慨的话语，自告奋勇，对程小青说："我来为你争取一个再版的机会。"

机遇来了。1957 年，出版社邀请陆文夫参加征求出版工作意见的座谈会，陆文夫为程小青出一套选集而大声疾呼。从出版这本书的意义，一直讲到封面设计，以及如何发新书预告等等细节。会上，大家听了都很感兴趣，有的还认为："这本书销售三五十万册不成问题。"

料想不到，一段时间后，社会上掀起反右浪潮，程小青的选集还无眉目，陆文夫却成了"反党集团分子"，而且把为程小青出书的事牵连起来，也成了他"反党"的"罪状"之一。

1958 年之后，陆文夫被下放到苏州的一家工厂里当徒工。那时候，与陆文夫类似情况的人，可能都觉得无颜见江东父老，而有些人见了陆文夫也有些尴尬似的。程小青却不然，他骑着自行车从大街上走过，见了陆文夫不是点头而过，而是老远就跳下车来，站在马路边上谈上半天，询问陆文夫的劳动和生活的情况。程小青知道，他的工资被降了两级，一而再，再而三地问陆文夫："缺不缺钱用？"有一次，程小青还为此事到小楼上去，认真地对陆文夫说："你到底要不要钱？我有钱，随时随地都可以来拿，还不还都可以。"陆文夫只是回答说："不需要，活得下去。"

度过一个春秋，程小青和陆文夫又在一起参加会议。闲聊时，陆文夫说："工厂劳动最怕的是迟到，做夜班和中班都是提心吊胆，深怕睡过头。"

程小青听了连忙插话："你为什么不买只闹钟呢？"陆文夫随口回答了一句："没有钱。"

程小青随即从口袋里掏出钱来："拿去，买一只带回去。"过了几个月，陆文夫把闹钟钱还给他，程小青却遗忘得一干二净，说："根本没有这回事，你从来没有向我借过钱。"

幸亏有周瘦鹃在旁做证，程小青才勉强地把钱收回去。

这只双铃马蹄牌闹钟，陪伴着陆文夫度过了许多艰难的岁月，也联系着陆文夫与程小青的老少情谊，不管文艺界是如何一时风起，一时浪歇，他们之间都保持着联系。

程小青经常到陆文夫的小楼上来，陆文夫也常常到程小青的茧庐书斋里去。每当春秋之日，陆文夫带着女儿到他家去看花。程小青的夫人黄含章最喜欢孩子，去了以后总是把许多糖果塞在孩子的衣兜里，临走时还要采几枝大理菊，让孩子捧着带回去。陆文夫欢喜坐在程小青的书斋里，听他谈侦探小说的理论，以及他生活与创作的经历。在无拘无束的交谈中，陆文夫觉得程小青是个人道主义者，总是用一种善良的目光打量着世界，对人诚恳而宽厚，富于同情心理。陆文夫尊重他的为人，尊重他的作品，总觉得他的旧作没有再版的机会，有点儿说不过去。文艺是个百花园，每一种花都应当有开放的权利，不必厚此薄彼，长江有许多支流汇入，但并不是每个读者都饮长江水，程小青是中国重要的侦探小说作家，他的作品应该得到尊重，得到承认。

1963 年，我国文艺出版界出现新的转机，陆文夫想机会来了，向程小青劝道："把《霍桑探案》整理一下，做一些必要的文字修改，争取出版的机会。"

程小青回答："我也有此种想法，正在动笔整理。"

不多久，陆文夫来到程小青的书斋里，看到他在旧版书上修改，字小得像蚂蚁，比蝇头小楷还要小一点。

天有不测风云，月有阴晴圆缺，文艺界的风云又起了。1964 年文艺整风，陆文夫又被下放到工厂里去劳动。紧接着，更加猛烈的风暴袭来……陆文夫和程小青都受到冲击，他们两个人不能再往来了。

生活之舟绕过了一条又一条暗礁，风暴终于走到尽头，陆文夫从桎梏之中被拯救出来，可惜年迈的程小青受尽痛苦，没有亲眼看到这一天的到来。陆文夫珍惜宝贵时光，他喜悦，他勤奋，他缅怀，他一直记着程小青当年与他登高山而瞭望大海时倾吐的心愿。他总感到，程小青对他有所嘱托，有所期望，程小青的遗愿未能实现，作为后辈，于心有愧。他一直在寻找机会，要为程小青出一套选集。

1980 年代，中国作家协会江苏分会为了检阅江苏文学创作成果，展示江苏作家风貌，为江苏文学事业积累资料，特编纂一套"扬子江文学总汇"。陆文夫向江苏作协推荐：程小青是我国一位纯正、严肃、有成就的侦探小说家和翻译家，他的代表作《霍桑探案》，塑造了一个才智过人、出生入死、百折不挠的大侦探霍桑的形象，霍桑被誉为中国的福尔摩斯，曾轰动一时，现再版他的文集，也是有益裨的事。陆文夫收集了《轮下血》《夜半呼声》《白纱巾》《紫信笺》等四部中长篇侦探小说，题名为《程小青文集——霍桑探案选》，分多集出版。他还写了序言《心香一瓣祭程小青》作为对扶掖自己的前辈的怀念，告慰亡灵。

程小青的愿望，终于部分地实现了。

每一个正直、勤恳的作家，总有一个心愿，希望自己的劳动成果，自己的创作能够为后世所知，能够部分地留传下去。《程小青文集》问世了。如果九泉之下的程小青能够知道这件喜事，他定会开怀大笑，得到莫大宽慰。

十四、是非总会清楚

1966 年，一场席卷神州的暴风骤雨，突然降临人间，"文化大革命"从此持续了十年，滚滚乌云笼罩着人称天堂的苏州。程小青万万没有料到，这场风暴会给自己招来莫大的灾难。

矛头先是针对北京的"三家村"，接着牵涉出了苏州的

"三家村"代表人物——鸳鸯蝴蝶派周瘦鹃、范烟桥、程小青。

早在 1930 年代，周瘦鹃在上海的报纸编辑专栏，张春桥曾投稿于他，彼此都认识。周瘦鹃原名国贤，瘦鹃是他的号，是位著名的编辑，编过不少都市通俗刊物，也发表不少爱国小说。在国难深重的岁月里，周瘦鹃与民众是有感情共鸣和交流的。范烟桥、程小青著文也无空泛、肉麻、无病呻吟的毛病，更无"鸳鸯蝴蝶"之嫌。

张春桥这么一"指点"，程小青、范烟桥、周瘦鹃便连连遭殃。

1966 年 8 月的一天半夜，程小青被抄家。后来程小青住到一个小房间中，房内空空，只有一张小床。面对此遭遇，程小青经常一个人自言自语："是非要弄弄清楚，是非总归会清爽！"

然而程小青也许没想到，灾难还未结束。

一次，"无产阶级革命派"把程小青、周瘦鹃押在同一辆车上，开赴批斗大会进行批斗。程小青站在卡车上。突然，他的手接触到周瘦鹃的手，程小青用力握住。接着，两人互相用劲紧握。程小青用大拇指弯曲着，示意点头问好，左右摇抖，示意互相鼓励，坚强不屈，要相信党，相信阴霾将会过去，太阳将会重新带来光明。在批斗大会上，程小青看见年轻的陆文夫也被押上台，两人匆匆瞥了一面，不能交谈。

批斗以后，陆文夫全家下放到苏北黄海之滨，两人不通音讯。程小青与范烟桥、周瘦鹃也没有再见面。不久传来噩耗，范烟桥身体虚弱，1967年一病不起，抱屈归天。周瘦鹃1968年含冤投井自尽。程小青接连闻到噩耗，痛哭似雨。

十年浩劫，程小青遭到的迫害漫长而难熬，幽默喜言的程小青变得沉默寡言。家里有一张小桌子放在堂屋，桌上放着一方破砚，两支秃笔。他或握管磨墨，写短诗，练书法，消度时光，或提携破旧藤篮，悄悄来到临顿路青龙桥畔的科幻作家肖建亨的家中，装回几本《科学画报》，整天坐在桌前翻来覆去地阅读，把几位能通信的老朋友的地址抄在纸上，轮流书函，叙忆旧谊，聊以度日。

1975年8月14日，程小青的夫人黄含章，久病不愈，长眠谢世。程小青失去了六十多年相亲相爱、同甘共苦的伴侣，好似失去了灵魂，沉浸在无比的悲恸之中。

9月，程小青在悲痛之中，写下了两首七绝《悼亡》：

其一

记得结缡六十年，苦甘与共剧堪怜。

嘘寒问暖频关切，俭用节衣尚简便。

三赴首都观盛况，再游名胜上峰巅。

无量往事从头忆，尽付东流若梦烟？

其二

累累药瓶满眼前，多方治疗病难痊。

八三长寿仍嫌短，九九遐龄始觉全。

几日昏迷犹问事，有时振作罢安眠。

如今最是伤心处，秋节前朝撒手天。

意外的打击，使程小青的心、肺和肾的旧病，一齐乘虚而来，程小青支撑不住病倒了。

1976 年夏季的一天，下放到苏北的陆文夫因事来到苏州，打听到程小青人还在，还住在望星桥堍，便去探望他。他知道，老前辈已是风烛残年，见一面是一面，别处可以不去，他的家是非去不可了。

陆文夫沿着望星桥小河岸边，拐进一条非常狭窄的一人弄。他感到依然熟悉，依然未变，走完这长着青苔的小弄，举手叩门。凭过去的印象，来开门的不是夫人，就是用人。敲了半天，才听见有人拖着沉重的步履来到门后，开门的竟是程小青。抱病的程小青老态龙钟，耳朵也有点不灵，已经认不出陆文夫了。陆文夫看到他这模样，十分吃惊。他大声通报了姓名，程小青才猛然想起，紧紧地拉着他的手，请进屋后，问长问短，询问江苏文艺界的一些老朋友的近况，程小青恍如隔世似的。

陆文夫打量着程小青的家，已经面目全非了。程小青的书斋和小楼都被人占了，屋前的花草和盆栽都已不见了，只有种在地上的迎春柳，还长得青青的。当他正要向程小青的夫人请安时，抬起头看见程师母的遗像挂在墙壁上面。这位慈祥的老者，已经离世多日，陆文夫的心陡然一震，担心程小青经不起如此严重的打击。陆文夫环顾空空房屋，望着沾满了灰尘的自行车，胸中涌起一股寒气，一阵难过，我国一位纯正、严肃、有成就的侦探小说家和翻译家，一位自己向来崇敬和文坛上栽培自己的老人，竟落到如此的地步。陆文夫想起了程小青的书，想起了程小青要重印《霍桑探案》的事，仿佛是一场幻梦。他不忍多看一眼眼前的惨景，不忍在程小青家久坐，谈了个把小时就起身告辞。好心的程小青要留他吃饭，可他们俩同时抬头看看程师母的遗像，陆文夫想：如果她还健在的话，一切都已准备得好好的。

程小青移动着艰难的步履，缓缓地把陆文夫送到大门口，临别说了一句话，十分伤心："文夫兄，这是我们最后的一次见面了，你多保重！"

陆文夫听到这话，顿觉喉口有股气堵住，眼眶湿润了，忍着泪匆匆与程小青握别，从那条狭弄中走出去，走了一段回过头，还见程小青呆呆地站在那里。

程小青的伤感，不幸而言中。就在陆文夫看望他之后不到两个月的 10 月 12 日上午 9 时，患肝炎的程小青经医生大力抢救无效，瞑目长眠，享年 83 岁。

神州吹响了黎明的号角，人民胜利的凯歌，罪孽深重的"四人帮"被粉碎了。很惋惜，含冤深深的程小青在当时已病重，没能感受到粉碎"四人帮"的喜悦，就离开了人间。然而，程小青常常唠叨的"是非总归会弄清"的话，变成了现实。

1976 年 10 月，苏州市委统战部主持召开了程小青先生的追悼会，这是粉碎"四人帮"后，苏州第一个平反冤假错案者的追悼会。江苏省政协、苏州市政协、苏州市民主促进会，以及程小青的亲朋好友都送来了花圈、奠幛、挽联。一百多人参加了庄严肃穆的追悼仪式，与程小青告别。

苏州市政协常委、市民进主席谢孝思致悼词，他怀着悲痛的心情，讲述着程小青一生执着教育工作和文学创作的精神，讲述着程小青倍受"四人帮"迫害的惨景，讲述着程小青生病医疗和逝世的情况，高度赞扬了程小青毕生的社会活动、辛勤的教育工作和高质量的文艺创作。最后，谢孝思以肯定的口吻、高亢的语调，说："程小青是位真诚拥护中国共产党领导、热爱社会主义祖国、坚定走社会主义道路的革命知识分子。"

程小青的毁誉，得到了甄别。

如果程小青在天有灵，听到党和政府为自己推翻"四人帮"的诬蔑、不实之辞，为自己彻底平反昭雪的喜讯，也定会扶携夫人的手，与老朋友范烟桥、周瘦鹃一同含笑九泉。

程小青已逝世多年了。他的墓碑前，鲜花簇拥。新修的碑上镌刻着这样的墓志：

　　有一位正直而善良的作家在此长眠。他曾经走过漫长的人生之路，艰难、曲折、自强不息，用一枝秃笔，与邪恶卑劣搏斗。他写下了著名的《霍桑探案》，企图揭开一切罪恶的底细，但愿他留下的智慧能使善良的人们变得更聪明些。

陆文夫　敬志

一九八七年五月

注释:

    1. 阿加莎·克里斯蒂, 英国女侦探小说作家、剧作家。

    2. 多萝西·L. 塞耶斯, 英国女推理小说作家。

    3. 约瑟芬·铁伊, 英国女推理小说作家, 与阿加莎·克里斯蒂和多萝西·L. 塞耶斯并称"推理侦探三女王"。

    4. 雷克斯·斯托特, 美国男侦探小说作家。

    5. 奈欧·马许, 新西兰女推理小说作家。

（节选自《吴中耆旧集——苏州文化人物传》,

江苏文史资料编辑部, 1991 年）

南屏村往事

程育德

————

　　皖南黟县的南屏村，风景如画。这两年，因为张艺谋的影片在那里拍了外景，名扬四海。殊不知早在抗战时期，父亲程小青和周瘦鹃先生即曾避难该处，并且互有唱和，留有诗篇。

　　1937 年 10 月，苏州东吴大学附中在浙江南浔的分校因战事被迫停课。这时叶芳珪牧师建议全体教师不如随他迁到他的故乡黟县五都叶村。村里有空屋可以安顿家眷，县城里的碧阳书院可办东吴大学附中黟县分校。这是个好主意。于是周、程两家和其他老师一起避难入皖。他们乘帆船溯新安江到歙县渔亭，弃舟登陆，再走山径小道，经半天时间，到达目的地——五都叶村。该村多数人姓叶，当地人称叶村。因为它背靠南屏山，所以正式名称是南屏村。

　　其时，教师们同住在一个叫培玉山房的大宅子里。这宅子本是叶氏的家塾，藏有大量古书，经、史、子、集，甚至古今图书集成，几乎应有尽有。但是，要看报纸，非常困难，因为交通闭塞，仅有的一张报，也要隔三四天才看得到。在此百无聊赖的情况下，父亲和周瘦鹃只能借书解愁，吟诗填词，发泄蕴藏在胸中的忧国思家之情。我现在仅剩两首父亲当年诗稿，或可看出他的心情。

七绝一首

挈家避乱泛江湖，曲水斜桥忆草庐。

为问新安江上水，可能载梦到姑苏。

杂言一首

山叠叠水重重，

新雨柳眉舒，

暖风挑颊秾。

几回梦到江南路，

芳草萋萋满敌踪。

他在山村数月，曾将当时的诗词创作，请他的安徽学生汪稚青用小楷抄录成册，题名为《待曙吟草》。可惜现已散失无存，实是无法弥补的损失。

原来叶村里有文化的男子大都外出在沪、杭一带经商，而女眷们则多数留守家园务农为业。抗战时期外面战火纷飞，他们只好都回村来了。叶村说不定一度还是个人文荟萃的文化村。村口叶氏宗祠前的牌楼上还有着几块"赐进士出身"、"进士及第"的匾额，说明那里出过高等读书人。回村的那些叶姓男士不少也会赋诗作画。1938年春节，这些叶氏父老，带着他们的作品,到培玉山房来拜年,他们和我父亲及周瘦鹃便成为节日文化活动的中心。大家吟咏贺春,广结文字之缘。记得当时还有一件耐人寻味的事:有人带了一张据说是刘伯温作的《推背图》来和大家推敲,结果一致认为刘伯温早已预卜日寇必败无疑。虽然大家都明白,刘伯温是不会知道几百年后的国家大事的,但抗战必胜是人心所向。

1938 年春夏之交,东吴大学附中在黟县城内,借碧阳书院招生开学,8 月解散,人员取道温州到上海。南屏村的这段往事,始终留在了心头。

（载于《苏州杂志》1994 年第 3 期）

父亲

——虔诚垂首愿以心香一瓣默默地为父母祝祷

程育真

小心地伸出手来，我在盛开嫣红的花堆中，撷下两朵艳丽馥香的玫瑰花，佩戴在衣襟上。

平时惯常搬了椅子坐在花棚下细细地欣赏，看它由绿色的蓓蕾变成含苞复又盛开出娇嫩的花朵。我不曾采过一朵。这一次采花的主因是为着参加双亲节的礼拜。

戴着鲜花，我静坐在教堂的末一排上。讲台上古色古香的花瓶里，插满了洁白的百合花与鲜红的蔷薇花。望着各色不同的花朵，客人们都泛起莫名的感触，有喜有悲，有哀有乐。门外陆续走进年轻年老的男女，有人佩戴纯白的细花，也有人戴红白两色的花。我心中颇多感触，低下头，举手轻抚着两朵红玫瑰，一缕亲切之感不由兜上心头。

默默闭上眼。是的，我要感谢上苍的慈恩，因为上苍眷顾我亲爱的父亲与母亲。

　　世界上值得骄傲、宝贵、称羡、幸福的决不是金钱、名利与享乐，这些迟早会离我而去。所可尊贵歌颂的，莫过于有一个可爱的父亲。父亲的健在是值得愉快的，父亲的慈爱应视为宝贵，父亲的劳苦理该感谢，父亲的眷顾才堪称幸福。朋友，你不认为我的话言之有理吗？我快乐我幸福，我还该说我要歌颂，因我有可爱的父亲与慈祥的母亲。

　　我的父亲不是世界上拥有百万财产的大富翁，也不是了不得的大人物，然而我觉得他比大人物大富翁更可尊贵与敬爱，因为父亲对我们儿女有真切永恒的爱护。

　　父亲长得并不洒脱，然而相当傲岸不凡，中等身材端正的面庞，头发虽然因年光的摧残而开始秃落，目光却依旧灼灼有神。

　　年轻时父亲就从事写作翻译，大部分是侦探小说。他已经写了三十多年，这也许可说他与笔墨结了不解之缘。

　　儿女了解父亲真如父亲了解儿女一样比较容易。父亲在家庭中并不是大权独揽，更不固执顽固。他有相当的家庭教育，使我们做儿女的都甘愿唯命是从。

　　说父亲严正吧，不错，然而有时候却比任何人都风趣。

　　百物飞涨，生活费用的激增，对于一切事物都无微不至地极尽节俭之能事。因着理发费用的昂贵，父亲特地自己买了一柄"轧剪"，以便自己理发。

　　初试的成绩预卜十之八九是不大佳妙的。哥哥弟弟是年轻人，谁都不肯轻于尝试，原因是落剪无悔。因此父亲愿以自己的头发做样品来试验一次。哥哥权充了理发师。

第一次理发的结果，父亲的头发式样形如锅盖，我在旁边大笑不止。父亲却异常满意。

"这种式样很不差，既省钱又实惠，何乐而不为？"

亲戚们见了也无不大笑，但谁能了解他的用心呢？

还有一次，我在高三时，因兴趣所致写了一篇《人格的建设》投稿在《新闻报》，署名连自己也不曾考虑用了"大青"两字。

《新闻报》发表的一天，我看过一遍就没有多大注意，不料被父亲细心的朋友看见了，他拎起报纸向我投以诧异的目光："怎么这一次你用'大青'的名字？"

我给问呆了，用"大青"的名字有什么诧异呢？

父亲坐在旁边："什么，大青是我的女儿？父亲反叫小青？这真是岂有此理。"

这一下，我才恍然大悟，捧住了脸，无话可说。父亲没有骂我，反倒笑笑。我心中难受了半天，这不是罪过，于心总觉不安、可厌，爸爸竟有这样一个不懂事的女儿。

孩提时总很少有心感觉到家庭的可爱，尤其是对于父亲多少有些远而避之。我还不曾领略到父亲的爱，而且根本也不懂得应该敬爱自己的父亲。早晚从学校里回来以后，不曾有过一次对父亲的端详。除了吃饭匆匆的一会儿，其余的时间都是怕责备而远避之。朋友问我父亲长得如何，我只能在印象中追忆到父亲有两只黑而有神的大眼睛，其他却模糊了。

那一天，我又是与同学们在校园里贪玩，回到家中已经天黑。往常我进家门时总爱编一两句谎话欺哄家人，不是推说开级会便是大扫除。自然这一次也不能例外，我想定以后才跨进大门。

谎话还没有出口，忽然见母亲哥哥一簇人拥着父亲从卧室里走出来。父亲的脸灰白无神，一边扶住母亲，一边还痛苦地呻吟。我急呆了，站在门边，舌头像打了结讷讷说不出话。

这一次，我真正看清楚父亲的脸了。

父亲见我站在旁边，他用无神痛苦的眼望了我一下，低弱抖动的声音说道："育真，又是天黑才回家。如果今天父亲生霍乱病死了，你也不知道……唉……"

看父亲被母亲和哥哥扶出大门踏上车子往医院里去，我抱住头回转身体奔到房里，闭上门双膝跪在地上，热泪淌满了脸。我第一次在主面前流泪为父亲祈祷。是的，我忏悔自己罪过。

不宁的心跳个不停，如果父亲有何不测？我不敢想，只伏在床沿上痛哭不已。

然而，谢谢天，爸爸的病痊愈了。从此以后我觉得家庭的可爱，我更欢喜多看父亲几眼。从那时起我曾数算过父亲脸上的黑疤。无论如何，父亲的眼光是慈祥亲切的。

年轻幼稚，做事多少凭意气定是非，而且涵养不深，耐心不够，动不动就发脾气不理人。这种暴躁的个性是不良的，亲近我的亲友没有一个肯真纯指示我。毕竟父亲是可爱的，他用善言予我以规劝。

"育真，脾气不能太躁，上当了吗？学一次乖，你还年幼，世故懂得不多，意气用事太伤朋友的感情。以赤子之心待人，宽恕作弄伤害你的人。这世界上需要爱。不要求报答，但求良心的平安，何况我们是基督徒，神的儿女。以身作则，博爱待人，虽然做不到众人的标榜，却不能为众人的绊脚石。"

"不高兴，我太吃亏了。"我努起了嘴。

"虚心的人有福了。"父亲拍拍我的头。

父亲的训话我铭记在心，也许一时做不到完美，然而这是至真之理，无价之宝。

父亲一生以"求人不如求己"为做人的宗旨。他常说，"事业的成败在于自己的努力与否"。但他对待朋友有的是一股赤忱。

为求生存为辟前途，父亲学会了许多生活的技能，执教、写作、绘画、打字、缩写……连音乐的管弦也学会了几样。最可宝贵的还是因为他有谦虚仁慈的心肠，这使朋友们都折服他。

1937 年，我们全家在动荡的风波中避乱在安徽，这是难得而颇有旅行风味的逃难生活。

我们住的是一所古旧的书院——培玉山房。

山乡缺乏画具，除了饭后学樵夫一样砍柴割草消遣以外，多余的空暇父亲特别有兴趣吟诗作词临池。

夜深，琅琅然的吟诗声激越在古旧幽深的山屋里，听起来令人有一番清新的感觉。

窗外风吹焦黄的落叶，是丹桂飘香、金风送爽的季节。

这是一个青年人认为"秋风秋雨愁煞人"的不畅快季节，可确然也是作诗的好时辰。

茶几上几盆初开的菊花，满杯的热茶蒸着热气，父亲又在埋头作诗了。

无题（和周瘦鹃）

开遍山茶岁月深，烽烟处处费沉吟，
应知螺黛牵愁绪，谁使雁翎送好音？
魂断千峰嗟逝水，梦回五夜拥寒衾，
天高海阔浑无邦，一段离情两地心！

忆家

田园劫后叹荒芜，望断音书泪眼枯，
为问新安江上水，肯流归梦到姑苏。

"爸爸，你在挂念到姑苏的家。"我偷看了几首。

"是的，孩子，不知道我们的老屋如今是否无恙。"无限凄怆。

"上次不是有人写信来说，家中总算被劫得还好吗？"我觉得刚才的问句问得不好，无意在他心头愁上加忧，于是我立刻转过话锋："爸爸我倒很欢喜陆放翁的诗，飘逸萧爽，读起来令人低徊不已。"

"不错，放翁的诗最富民族思想，青年读读足以激发爱国心。其实要学旧诗，还得从杜甫的诗入手。"

"爸爸，你最欢喜的诗呢？"

"剑外忽传收蓟北，初闻涕泪满衣裳，却看妻子愁何在，漫卷诗书喜欲狂；白日放歌须纵酒，青春作伴好还乡，即从巴峡穿巫峡，便下襄阳向洛阳。"

轻风拂过，带来二三片酡红的枫叶，我随手拾起枫叶玩弄。

"你觉得怎样？孩子！"父亲斜睨了我一眼。

"爸爸，这诗很有意思！"

是的，爸爸日夜关念着自己的祖国。

住惯自己大花园的住宅，如今迁居到上海，心中时常觉得地方狭隘与窒息，尤其是一到暑天，更炎热难受。于是一到晚上阖家都挤在晒台上纳凉，爸爸是例外，他老人家多半是埋头写作，难得参加我们的集团的。

明月当空，我们六个人正好坐在清澈的月光下，高兴就互相讨论今天的新闻，不然就参插一些风趣的笑话。

这一天，爸爸也自动地列在我们中间。弟弟悠闲地吹着口哨。

忽然我想起一件事："爸爸，今天几号？"

"五月六日，有什么事？"父亲诧异地望着我。

我奔到楼下拎起一本今天才出版的《龙虎斗》在父亲面前一晃："你不记得吗？今天是你大作出版的第一天呀！"

父亲这才明白过来，他慈祥地一笑，明亮的月光下我隐约看见父亲的眼睫毛给泪水湿润了。这是流泪的微笑。父亲欣喜得淌泪了。这是父亲每一次苦干努力后难得的笑容。此次他老人家又看见自己所撒的种子开花结果了。

"爸爸，这是你生平最满意的侦探小说了，是不是？"哥哥说完瞧着父亲。

父亲点点头，从我手中拿过《龙虎斗》，小心地在月光下翻阅和抚弄，目光是那么亲切。

为什么不呢？当爸爸开始着手写《龙虎斗》时，他曾牺牲一切的娱乐，整夜废寝忘食地用心写作，那种忠于写作的精神，紧张的神态，布局的精密，对白的紧凑，确曾绞尽脑汁费尽心血。仅仅是一本小说，薄薄的《龙虎斗》，父亲费上这许多时间、精神、心血与兴趣，那些以往发表的《霍桑探案》，不知耗费了多少心血与精神。无怪爸爸的头发已经要一天天花白了。如今父亲看见自己培植的种子结成果实，他怎能不破涕而笑呢？怎不小心地细细翻阅、欣赏与抚弄呢？

父亲这样的神态在他的绘画上也是一样。他绘就一幅画时，总细心端详欣赏，他无论做什么，是一样地认真与用功的。想到父亲那一种坚决不挠、奋勇努力的挣扎精神，做儿女的真是又愧又羞！

亲戚朋友都说我酷似父亲，尤其是父亲两只又黑又大的眼睛，然而仅仅像了外表有何意思？我为什么不能效法父亲忠于事业的奋斗精神？

如今，我有一个心愿，那就是我要努力，凡事上都好自为之。

大学毕业以后，我除了每天办公完毕以外，高兴时我也常常学习握笔写些短篇小说之类，有一个时间我还担任家庭教师之职，空暇还得抄清每星期日为牧师记录的讲稿，因此接触笔墨的时间很多，闲玩是极少的。

一年来繁重的工作使我的身体不幸由健康变为衰弱，曾经很长的时间头脑疼痛，昼夜不止。身体软弱，精神就欠佳。父母焦急异常，于是忙着要我瞧医生。从此每天办公回家以后，不再教书，同时停止牧师的讲稿记录，小说也多时不写，这样方使自己的身体有一些休养。

父母总是爱护自己的子女，父亲从此不准我再握笔。

过去我素来忽略自己的身体，因我是家庭中最健康的一个，这次长时间头疼头昏之后，精神非常颓唐。可是我已忽略身体成性，因此虽然身体不良，我还是勉强自己写作，许多时候因为朋友的要求，我又开始写些小说。有一次给父亲一眼瞧见，他厉声地责备我："育真，不能再写了，怎么人长得这么大连自己的身体都不会照顾？朋友知道你头痛也定能原谅你的。"

呀，毕竟自己的父亲最谅解、体贴女儿！父亲的爱是奇妙的。也许有时候朋友不了解、不原谅我，甚至怨怪我不近情，然而还是父亲最明白女儿的苦衷，虽然他用厉声责备，这是顶温暖的真情。父亲的爱心深感我的心扉。

"爸爸，这样我太寂寞。"我没有最充分的理由。

"到公园里去散步。"

我没有姊姊妹妹，只有一个哥哥在外工作，弟弟读书未回，要我一个人去公园闲散，未免单调乏味，结果还是倒在床上对屋顶出神。父亲呢，像哄幼孩一般讲些新闻给我听，或者吟几首五绝与七律。

这是至尊的父亲的爱。

我不欢喜吸香烟，对于灰蓝色的烟雾却特别有好感。

每一次父亲深深地吸了一口烟，复又吐出袅袅的烟雾时，我就爱趴在桌子旁边，从袅袅的烟雾中端详父亲凝思工作时的神态。

父亲常在烟雾中埋头写作、改卷、绘画、看书、吟诗……没有一天停止，永远那么认真那么勤俭。他不曾捞过意外之财，也从不曾"不劳而获"。我在雾中看父亲凝思结构，挥汗作画，批改课卷，埋首写稿，看父亲由浓厚的乌发变成稀疏的花白。

有一次我禁不住开口了："爸爸你头发已经有些秃和花白了。"

父亲向我一笑："是的，年老了。"

"年纪老了。"我默然。父亲的年轻、乐趣，都付诸韶华的洪流中去了。"爸爸，你也该休息一下，老是工作太辛苦了。"我对父亲说。

"为你们呀！"他搁下笔，"育真，你哥哥所赚无几，弟弟学业未成，谁能担负这重担？为家庭，为你们三个孩子，我还得继续担当下去。"他又低下头去。

为儿女，父亲的年青消失在奋斗中，父亲的乐趣牺牲在挣扎中，父亲肯牺牲自己的享受，供给儿女读完大学。呀，父亲的爱真伟大呀！瞧着模糊的烟雾，我的泪水不禁潸潸而下。

父亲劳心劳力为要扶养我们，看孩子一个个由小长大，这是他唯一的慰藉。他满足地笑了，笑得这么愉快，呀，父亲的笑却感染了我的泪。

我们做儿女的曾用什么来报答父亲育养之恩？在什么事上曾使他老人家满足慰宁？

我们有罪了。

是的，我承认与其是富有不愿儿女福利，还不如有一个贫穷爱护子女的父亲，与其有一个父亲是惯享受爱宴乐，还不如有一个能干又体贴的父亲。有一个财富自私的家长和有一个慈祥恩爱的家长，谁算更为有福？

金钱怎比得上真挚的情爱？溺爱何能及于正确的劝导？

我满足不是因为学业已成，我愉快不是因为亲友众多，我幸福不是因为物质享受。我要说我是满足是愉快是幸福，而且是骄傲，因为我有一个可爱的父亲。

当我再一次抚摸着鲜红的玫瑰花时，我的泪又流过了面颊。

但愿神祝福眷顾我亲爱的父母。虔诚垂首愿以心香一瓣默默地为父母祝祷。

（载于《小说月报》1944 年第 45 期）

第二章

文学世界

作为现代作家与传统文人的程小青

战玉冰

程小青，原名青心，又名辉斋，安徽安庆人，生于上海，1915 年春举家由沪迁苏，以"霍桑探案"系列小说闻名于世。说程小青是民国时期最为重要的侦探小说作家，应该是不会有什么太大的争议。郑逸梅就曾非常肯定地回忆说："当时写侦探小说的不乏其人，可是没有人比得上他（笔者按：指程小青）。"[1] 当时的另一位民国侦探小说作家兼评论家朱㼭也指出："现在的侦探小说，越发汗牛充栋，可是立意严正，布局奇突，极尽艺术能事的，却要推程小青先生所撰的'东方福尔摩斯侦探案'首屈一指了。谅读侦探小说的诸君，脑中总深印着那位任侠尚义、博学多能的大侦探'霍桑'先生哩。"[2] 实际上，程小青之于中国侦探小说事业发展的重要意义，不仅在于他是一名出色的侦探小说作家，而且在于对于作为一项文学发展事业的侦探小说而言，程小青所具有的综合性的地位、价值和贡献。简而言之，程小青以其侦探小说作者，译者，杂志编辑、主编、编辑顾问，小说评论者，小说史研究者，小说"创意写作"教师，电影剧本作者与评论者，乃至于侦探学与犯罪心理学研究者等"多重职业身份"，从各个不同的方面对侦探文学这一项文艺事业（包括小说、杂志与电影）在民国时期的发展起到了不可磨灭与不可替代的重要作用。在这个意义上，程小青堪称民国侦探小说的"全能型选手"（all-rounder）。

一、作为侦探小说作家的程小青

（一）"霍桑探案"的诞生与发展

程小青之于民国侦探小说而言，其最为重要的身份当然首先是一名侦探小说作家，其所创作的"霍桑探案"系列小说是民国时期出版次数最多、影响力最大的本土侦探小说作品。侦探小说对于中国人来说，是一件文学舶来品，关于中国最早的侦探小说翻译，一般认为是张坤德于清光绪二十二年（1896 年）八月一日至同年九月二十一日发表于《时务报》第六至九期的《英包探勘盗密约案》（The Naval Treaty，今译《海军协定》）。随后，以"福尔摩斯探案"系列为代表的欧美侦探小说陆续被译介进入中国。

程小青在《侦探小说作法的管见》一文中，曾坦陈自己走上侦探小说写作的道路，正是受到少年时阅读"福尔摩斯探案"小说的影响："这就因为我从小欢喜看侦探小说，记得当我十二三岁的时候，偶然弄到了一本福尔摩斯探案，便一知半解的读了几遍，虽然觉得福尔摩斯的可畏，但同时却生了一种不可思议的感情，竟舍不得把那本书丢掉不看。后来我年龄加增，读侦探小说的范围，也因着扩充。到了民国三年，中华书局出了一部福尔摩斯探案全集。因瘦鹃老友的介绍，教我帮同着著译。我译了几篇，约摸近二十万字。觉得书中的情节玄妙，不但足以娱乐，还足以浚发人家的理知，于是我对于侦探小说的兴味，益发浓厚，文字方面就也偏重这一途了。"[3]从这段作者自述可知，和当时许多民国侦探小说作家一样，程小青走上侦探小说的创作之路也是深受柯南道尔的"福尔摩斯探案"系列小说的影响，即那一代民国侦探小说作者普遍存在着一条由侦探小说读者向侦探小说作者的成长和演变之路。

当然，我们从后来程小青的侦探小说创作经历来看，其经历了从模仿到本土化、从"东方福尔摩斯探案"到"霍桑探案"的前后转变过程，在侦探小说中国化（或者叫中国侦探小说）的发展道路上取得了相当突出的成绩。具体来说，程小青的侦探小说创作生涯大概可以选取出以下几个关键性时间和事件作为节点。

第一，1916年12月31日至1917年1月3日，程小青以"霍森"为主角的侦探小说《灯光人影》分三次在《新闻报》副刊《快活林》上发表。这是目前可见的最早的一篇程小青的侦探小说创作，也是程小青侦探小说在文坛的"出道"之作，其中侦探人物的名字还没有用后来更加广为人知的"霍桑"，而是"霍森"。程小青的这篇小说当时是为了参加《快活林》举办的《快活林夺标会》栏目征文竞赛。主编严独鹤隐去作者姓名代以序号，共遴选了13篇"短篇侦探小说灯光人影"发表，其中程小青的代号为"甲"（用天干地支隐去真名），文前标"第一课"是指其参与的是"夺标会"第一期征文。值得注意的是，这篇小说中包朗虽然作为侦探"霍森"的好友而登场，但整篇小说其实是以"霍森"的第一人称视角来展开叙事的，和此后"霍桑探案"系列小说的惯用叙事结构完全不同。这也在某种程度上反映出了程小青这篇侦探小说处女作的习作特点。

第二，1919 年 5 月 27 日至 1919 年 7 月 22 日，程小青的侦探小说《江南燕》连载于《先施乐园日报》。这是程小青第一篇以助手包朗为叙述者，来讲述"霍桑探案"的故事。其基本叙述结构模仿自柯南道尔的"福尔摩斯探案"系列作品，而这篇小说发表时也标为"东方福尔摩斯探案"。更重要的是，在后来的"霍桑探案"系列小说中，这一"侦探－助手"的基本叙事结构被一直固定沿用了下去，霍桑与包朗的组合也因此成为中国版的福尔摩斯与华生。所以，从某种程度上来看，《江南燕》可能才是真正意义上"霍桑探案"系列侦探小说的开端之作。这里的"开端"指的并非时间序列上的"第一篇"，而是小说结构意义上的模式起点。与此同时，《江南燕》也体现出鲜明的本土化努力与特征，特别是其中作为霍桑"对手"而出现的江南燕，是一个颇带有几分中式武侠色彩的人物，与"福尔摩斯探案"等西方侦探小说迥然不同。

第三，在 20 世纪 20 至 40 年代，程小青的"东方福尔摩斯探案"与"霍桑探案"系列小说（两个系列其实是同一个系列，只是不同时期所标明的名称不同而已）陆续在《小说大观》《先施乐园日报》《小说月报》《申报》《新闻报》《礼拜六》《半月》《消闲月刊》《家庭》《红杂志》《快活》《游戏世界》《小说世界》

《侦探世界》《红玫瑰》《时报》《紫罗兰》《旅行杂志》《社会日报》《上海报》《珊瑚》《海报》《新上海》《乐观》《新侦探》《大众》《中美周报》等数十种报纸、杂志上发表，其发表平台涉及范围包括新闻类报纸（《申报》《时报》《新闻报》），通俗文学杂志（《礼拜六》《半月》《红玫瑰》《紫罗兰》），专门的侦探小说杂志（《侦探世界》《新侦探》），家庭及旅行类杂志读物（《家庭》《旅行杂志》），以及小报（《海报》《新上海》）和游戏场报（《先施乐园日报》），等等。作品数量之多，创作时间之长，覆盖刊物范围之广，在民国侦探小说作家中都是无出其右。

与此同时，程小青的"霍桑探案"系列小说在民国时期还曾结集过数十种单行本出版，仅较具规模、成套出版的就有上海文华美术图书公司1931年和1933年出版的《霍桑探案汇刊》第一集和《霍桑探案汇刊》第二集，每集包含六册小说（集），以及上海大众书局1932年7月初版的《霍桑探案外集》（共六册）等。

第四，程小青的"霍桑探案"系列侦探小说出版以1941—1945年由世界书局陆续出版的《霍桑探案袖珍丛刊》为集大成，共计三十册。其中第1—10册为第一辑，1941年初版；第11—20册为第二辑，1944年初版；第21—30册为第三辑，1945年初版。全套丛书于1945年全部出齐，该套丛书共收录侦探小说七十四篇，总计约二百八十万字，为民国时期中国本土侦探小说创作出版的"最大规模工程"，也收录了程小青"霍桑探案"中的绝大部分作品（当然并非全部作品，比如《百宝箱》《缥缈峰下》等"霍桑探案"系列小说就未曾收入这套丛书之中）。

从《灯光人影》中的主角"霍森"与文字习作，到《霍桑探案袖珍丛刊》的整体亮相与蔚为大观，程小青侦探小说创作的数量与成绩当之无愧称得上是"民国第一人"。其中值得注意的地方还在于，在这些不断发表、出版、再版、合集出版的"霍桑探案"系列小说中，并非篇篇都是新作，其中"旧作改写"的现象在程小青的侦探小说发表生涯中非常常见。这里既有小说题目的修改，也有细节内容的丰富，更涉及文言与白话的转换，或是主干情节的完全重写，具体版本情况相当复杂。从中可以看出程小青对自己每次出版作品时态度上的"精益求精"，同时其小说的版本比对与汇校整理也是一个值得专门展开的民国侦探小说史研究课题。

比如根据程小青女儿程育真的回忆，程小青曾经和家人谈及自己最满意的一篇侦探小说创作：

> "爸爸，这是你生平最满意的侦探小说了，是不是？"哥哥说完瞧着父亲。
>
> 父亲点点头，从我手中拿过《龙虎斗》，小心地在月光下翻阅和抚弄，目光是那么亲切。[4]

在这段回忆文字中，程小青和儿子程育德所提到的作品《龙虎斗》是程小青拟写的福尔摩斯与亚森罗苹斗智的"同人故事"，分为《钻石项圈》和《潜艇图》两篇。该小说最初以《角智记》之名，刊载于《小说大观》第九期至第十期（1917年3月30日至1917年6月30日），杂志发表时的小说以文言文书写。在小说首次刊载前附有周瘦鹃的一段介绍性文字，说明程小青创作该小说与当时"侠盗亚森罗苹案"系列小说翻译之间的关系。后来这篇小说更名为《龙虎斗》，小说书写语言也由文言文改为白话文，刊载于《紫罗兰》杂志第一期至第十二期（1943年4月至1944年4月，分12次连载），标"福尔摩斯与亚森罗苹的搏斗"，并于1944年3月在世界书局出版小说单行本《龙虎斗》。而后来的《紫罗兰》发表版本和世界书局单行本就是程育真回忆文字中所提到的小说。

进一步参照程小青自己的回忆，他指出这两篇小说曾经"在民初的《小说大观》上发表过"，"但是因了笔力的脆弱，结果自然是狗尾续貂，不能实现我这个愿望"。后来程小青"对于那两篇东西常念念不忘地系恋着"，以至于在多年以后（笔者注：应为1942年[5]）偶然见到当年旧作，"我自然很高兴，就向他借了回来，叫我的女儿——育真——边抄边译地把它写下来，因为那是用文言文写的。现在我重新把它删削添补，彻头彻尾地重写了一下；好比一座屋子，间架是原有的，但门

《霍桑探案集》群众出版社1997年版

窗壁板，甚至粉垩油漆都完全改换了"⁶。无论是程小青这里
所说的自己对于这两篇旧作多年以来"念念不忘"，还是他真
的下大力气，付诸实践，大幅度修改这两篇作品的过程与结果，
都可以看出其对这两篇小说的重视，以及他身为一名作家对待
自己昔日"少作"时态度上的严谨和认真。关于程小青创作态
度的认真严谨，老友郑逸梅曾有过一番评述："闻其作稿之先，
必绘一图表，由甲点至乙点，乙点至丙点，曲折之如何，终点
之奚在，非经再三研求，不肯轻易涉笔，盛名洵非幸致者也。"⁷

（二）"霍桑探案"与民国生活浮世绘

程小青最重要的侦探小说创作当然要数"霍桑探案"。在
这个系列小说中，侦探霍桑和助手包朗在上海英租界中的爱文
路七十七号开设私人侦探事务所，协助警察和委托人处理各种
案件。而随着霍桑接到不同的案件委托并将其逐一解决，也就
形成了"霍桑探案"各篇小说中的主要情节内容。比如其中既
有发生在传统家庭内部，因为财产继承和伦理问题所引发的谋
杀案（《白衣怪》），也有现代西洋舞厅中发生在舞女、老板、
舞客之间的争风吃醋与利益纠纷（《舞后的归宿》），既有真假
难辨的女明星白玉兰失踪案（《怪电话》），也有半夜里火车轧
死路人所引发的悬疑故事（《轮下血》）……如果说每一篇"霍
桑探案"小说展现了民国时期上海社会某一阶层人群的生活侧
面——比如大学生、舞女、人力车夫、银行职员、仆人、女明
星、资本家、革命者等等——那么将整套"霍桑探案"小说连
起来看，就构成了民国时期上海市民生活的一幅浮世绘。

值得注意的是，"霍桑探案"小说创作于中国从传统到现代的历史转型时期，社会结构、家庭关系、伦理道德、财产观念、性别意识、科技水平等方方面面的变化都在小说中得到体现。举一个例子来说，摄影术是从西方引进的现代技术发明，对于很多生活在民国时期的人们来说，照片无疑是一件新事物，拍照更是一件很时尚的行为，程小青先生年轻时就拍过不少照片。但很多今天的读者可能并不清楚，民国时期不仅拍照成为一种新的生活方式，随之而产生的还有最早的"P图"和作伪技术，而这就构成了当时侦探小说的重要题材之一。在程小青笔下，"高明"的犯罪分子已经可以熟练地运用照片合成技术来造假作伪，当然这最终逃不过侦探的"火眼金睛"。比如在程小青的《险婚姻》中，助手包朗和高佩芹女士的婚姻大事就险些因为一张伪造的"合成照片"而出现波澜。犯罪分子先是伪造了一张包朗和其他女性的合影，然后将其寄给包朗的未婚妻高佩芹，在二人中间造成误会，致使高佩芹将包朗视为"无赖的文人"，对其避而不见，甚至一度险些解除婚约。最后还是霍桑独具慧眼地解开谜题："你瞧，这一张照片原是拼合印成的。那张原片，就是我们俩的合影，也就是报纸上分割刊登的一张。但瞧两个人的姿势神态不相匀称，已是很明显。"同时霍桑还指出："这本是一出老把戏，可惜你的未婚夫人不加深察，便轻信人言。"可见通过技术处理照片来弄虚作假的行为在当时并不算罕见，而破解这种"伪照片"的手法就是对其进行"仔细观察"，新的技术发明引发新的犯罪形式，而侦探的"目光如炬"正是破解这些"新型犯罪"的不二法门。

《霍桑惊险探案》中国国际广播出版社 2002 年版

同时，霍桑又绝不仅仅是一名"未出茅庐，而知天下三分"的"安乐椅侦探"，他经常亲赴案发现场，勇敢地奔走在破案第一线，甚至和犯罪分子正面对峙，展开殊死搏斗。比如在小说《黄浦江中》一篇里，宏源布庄主人俞守诚的公子慧宝在放学途中被绑匪掳走，而这已经不是第一起类似的案件。侦探霍桑决定出手救回慧宝，同时摧毁这个绑匪团伙。这看似只是一般绑票、勒索、赎金、抓捕的陈旧故事套路，但小说中其实增加了新的破案难度，即交付赎金的地点被设置在"杨树浦黄浦江中的五福船上"，而代为交付赎金且意图借机破案的霍桑和包朗，则需要面对一旦上船，"万一有失，一时岂不难以脱身或求助"的落入虎口的危险。后来二人则经历了包朗受伤、被绑匪扣为人质、与绑匪枪战、配合水警一举歼灭整个绑票团伙等一系列情节上的跌宕起伏，绑架案破案过程的"刻不容缓"决定了整篇小说情节上的充分紧张感。同时整篇小说的"动作戏"也是非常丰富，甚至还有武侠人物"江南燕"登场客串，这就为传统的侦探故事带来了另一个层面上的精彩与好看。

大体上来说，"霍桑探案"中不仅处理了绑架案、走私案、情杀案、拆白党、遗产纠纷和"大宅闹鬼"等众多类型不同的案件，读者通过对整个系列小说的阅读更是可以看到大侦探霍桑本人是如何一步步成长起来的。在《霍桑的童年》一篇中，程小青借助手包朗之口介绍了霍桑生平的第一个案子，那时霍桑还在读小学，一日在学校丢了新买的毛笔，求王老师帮忙调查，不想遭到老师拒绝。之后霍桑通过自己的机智果敢，巧施妙计，在几分钟之内"寻到了他的业已失掉的笔"，而"那个起先拒绝他的王老师，非但不责他矫命，还着实奖励过几句。这一着对于霍桑后来的事业竟有很大的关系。因为经他一激，霍桑的意志和兴趣便因此奋发了许多"。甚至霍桑自己也承认"我试验侦探行为的第一次，竟得到了王教师的同情。我因而感觉到兴奋有趣，才有今天的事业"。由此看来，大侦探霍桑善于查案、破案的天赋也是从小就体现了出来，其最终选择侦探生涯也真是"命中注定"了。

（三）"霍桑迷"读者来信事件

既然"霍桑探案"系列小说如此好看（不仅有当时最新颖的犯罪技术，还有武侠和动作的情节加持），那么作为民国时期中国本土最重要的侦探小说系列，"霍桑探案"在当时究竟有多流行？这里仅举一例，略做说明。程小青的好友、民国时期另一位重要的侦探小说作家张碧梧曾写过一部"霍桑探案"的"同人小说"《双雄斗智记》[8]。该小说正如其名，主要写侦探霍桑大战"侠盗"罗平的故事，大概类似于现如今的名侦探柯南对决怪盗基德。当时读者看《双雄斗智记》，总觉得张碧梧将霍桑写得实在是太过蠢笨，因而联名写信向《半月》杂志主编周瘦鹃表示不满。而在张碧梧《双雄斗智记》小说连载最后，罗平也确实被霍桑设计活捉，关入了监狱之中。这一小说最终结局的出现，多少和读者的强烈要求有一定关系，这有点类似于我们今天经常看到的粉丝呼声影响了剧情走向。对于这件"霍桑粉丝抗议事件"，程小青曾回忆说：

> 有好多读者，常用文字发表，或写信给报纸编者或著者，来称扬霍桑。或有同情的作者，要求和霍桑较一较高下，先写信请求他的谅解。他都是很感激和诚意接受的。我记得有一次碧梧老友，写了一篇《双雄斗智录》，刊在《紫罗兰》上。写蓝三星党和霍桑作难。这原是一时游戏之作，在霍桑本毫不介意，却不料因此激动了中西女塾里的四位高材生的不平。他们竟认假作真的写信给《紫罗兰》的主干瘦鹃老友，声言碧梧先生把霍桑写得蠢如鹿豕，挖苦太过，要求更正。后来碧梧兄竟也从善如流，把原来的设计改变了一下，最后的结果，霍桑到底占了胜着。这一回事，在霍桑也觉得是感纫无尽的！ [9]

其实，平心而论，在张碧梧的《双雄斗智记》中，侦探霍桑也并非被描写得一无是处，只能说是和罗平双雄争锋，互有胜负罢了，但当时的"霍桑迷"们依旧无法忍受该小说对他们心中"神探"的半点"诋毁"，于是才有了一封封的读者来信。而以此一个小小案例，就足可见出霍桑这一人物形象在当时民国侦探小说作者与读者心目中的地位，甚至我们可以认为霍桑在某种程度上就是民国侦探的最佳"形象代言人"。甚至这个故事也很容易让我们联想到柯南道尔最初写福尔摩斯与莫里亚蒂教授同归于尽，原本想借此情节终结这个系列小说，但无奈读者"催更"的声音太过强烈，以至柯南道尔不得不又提笔继续写起了"福尔摩斯归来"之后的系列故事，这和《双雄斗智记》所引发的"霍桑迷"读者来信事件可谓"异曲同工"。

（四）"霍桑探案"的盗版情况

在当时拥有如此知名度的程小青，不仅侦探小说创作数量多、出版作品多，伪托、盗用其名而出版的小说也比比皆是。其实也不难想象，在民国时期这一知识产权与图书版权保护都尚不足够严格规范的年代里，面对程小青这块中国侦探小说的"金字招牌"，"无良书商"们怎么会不想方设法鱼目混珠，从中捞取一笔好处呢？

比如 1947 年 11 月，上海复新书局出版了两本"侦探奇情小说"《原子大盗》和《假面女郎》，皆署名"程小青著"。而由随后的新闻报道可知，其实这两本书都不是程小青所作，只是书商冒用其名，以图个好销量罢了。比如署名"紫微"的作者就在《程小青控版商冒名》一文中指出，程小青"最近被复新书局冒用姓名，印行两本内容恶劣的《原子大盗》和《假面女郎》。这本书原是战前大文书局出版李某著的《神秘盗》，复新的老板拿来改头换面，利用程小青的姓名，想捞一票"[10]，而程小青也将这一盗用自己姓名的行为控上法庭。根据含凉（范烟桥）《侦探小说之冒名讼》一文可知关于此次诉讼的更多细节，比如程小青曾"函诘复新书局"，未果后，"乃委托陆仲良律师向上海地方法院提起自诉"，等等。[11]后据藏书家华斯比进一步考证，《神秘盗》，标"侦探小说"，李流芳著，上海智识出版社出版发行，总经售大文书局。书前有作者"自序"一篇，落款署"一九三八年李流芳写于上海之顾家宅"。另于孔夫子旧书网见该书其他版本，改题为《科学盗》，分上下两册。

如果说面对当时上海的盗版书商与冒名之作，程小青还能动用法律武器为自己"维权"，那么在日本人控制下的伪满地区，程小青所能进行的版权保护则显得鞭长莫及。而在当时，伪满地区的确出版了多种署名"程小青著"的侦探小说，比如《虎穴情波》《灰衣人》《半枝别针》等等，其中大多可判定为盗版。比如伪满益智书店出版的程小青小说《灰衣人》，程小青确实写过一篇名为《灰衣人》的小说，益智书店出版的这本小说内容也确实是程小青的作品，只不过该书"文不对题"，封面上印着《灰衣人》，内文中却是程小青的另一部作品《雨夜枪声》，就此基本上可以判断是该出版社拿着小说《雨夜枪声》的内文，重新贴了《灰衣人》封面的"扒皮书"现象，其目的则是为了骗读者重复购买。

又比如奉天文艺书局于1938年发行的《虎穴情波》，标"侦探小说"，署名"原著人程小青，编辑人王者，发行人蔡芝华，印刷人孟康与"。据藏书家华斯比考证，该小说系盗版之作，原本应为陶啸秋《无头盗》，大中书局出版，国光印书局印刷，交通图书馆发行，1923 年 3 月，标"侦探小说"，署名"著作者吴门陶啸秋"。而《虎穴情波》应该是伪满出版社拿了陶啸秋的小说，擅自贴了程小青的名字，以便借助其侦探小说创作上的知名度，赚取更大的商业利益。且不说当时战乱年代，蛰居在安徽老家避难的程小青，不可能授权日本人控制下的奉天文艺书局出版自己的小说，单凭程小青先生坚定的爱国主义情怀（比如其不断通过小说强调要使用国货），就不可能和伪满地区的出版商合作。而当时程小青先生也曾经在报纸上发表声明："诚恐各界人士引起疑误，用特郑重声明，凡发见于游击区域署鄙名之任何文字，概属冒袭，诸希亮察。"[12]

（五）银幕上的霍桑

除了小说之外，"霍桑探案"在民国时期还被多次改编为电影上映，程小青也曾积极参与到电影编剧的工作之中。据目前所见资料，程小青参与撰写、改编的和侦探片有关的电影剧本有：

《窗上人影》，上海明星影片公司，程步高导演，王士珍摄影，宣景琳、龚稼农、王征信、肖英主演，1931年（类型标"侦探"）；

《舞女血》，上海友联影片公司，姜起凤导演，李熊湘摄影，徐琴芳、林雪怀、尚冠武、朱少泉主演，1931年（类型标"伦理"）；

《江南燕》，梅岩影片公司，姜起凤导演，李熊湘摄影，

华婉芳、尚冠武、郑君里主演,1932 年(类型标"侦探");

《夜明珠》,国华影业公司,郑小秋导演,董克毅摄影,严月娴、白云、舒适、龚稼农主演,1939 年(类型标"侦探");

《雨夜枪声》,金星影业公司,徐欣夫导演,罗从周摄影,周曼华、吕玉堃、龚稼农、尤光照主演,1941 年(类型标"侦探");等等。[13]

众所周知,早期民国电影和通俗文学作家群体之间密切关联,很多当时的通俗小说作家同时也就是中国第一批"电影人",程小青正是其中的一员。对于都市消费文化与流行新事物的敏感,使得程小青能够积极感知并拥抱当时还是新技术与新事物的电影。一方面,"霍桑探案"在当时读者中的认同与口碑,为其电影改编奠定了观众基础(所谓"原著党"粉丝);另一方面,电影这种新的艺术形式也进一步推动了"霍桑探案"故事在广大市民群体中的传播和流行。只可惜因为年代久远,这些电影拷贝都已遗失或损毁,我们今天也就无缘得见当年银幕上大侦探霍桑的飒爽英姿了。

程小青作为最早"触电"的中国人之一,不仅以小说原著作者和电影编剧的身份参与到中国早期电影事业的发展进程中,他还曾投资开办过苏州第一家电影院,成为一名电影实业家。据江元舟《小说家程小青》一文介绍,"1927 年以前,苏州还没有正规的电影院,电影只在青年会、乐群社、新民社、普益社等几家教会礼堂不定期专场放映。1927 年 7 月 25

日，程小青和南社社员钱释云、翻译家叶天魂、苏报编辑徐碧波集资，在五卅路公园里创办了一家具有发电设备的电影院。该院放映机是德国最新机器，光线充足，院内座位五百，宽敞舒适，装置电扇，空气流通凉爽"[14]。

大半个世纪之后，在 1989 年，徐纪宏导演，方艾、方虹编剧，翟乃社、乔奇、周野芒主演的电影《智破奇案》上映，该片改编自"霍桑探案"系列中的《狐裘女》。1988 年，朱翊导演，赵孝思、程维湘编剧，王志华、胡大刚主演的三集电视剧《舞后血案》播出，该片改编自"霍桑探案"系列中的《舞后的归宿》。此外还值得一提的是，电视剧《舞后血案》的"责任编辑"方艾，正是电影《智破奇案》的主要编剧之一，而该剧的"文学顾问"程育德，则是程小青的长子。我们这些无缘得见民国电影中霍桑形象的当代读者和观众，借助这些后来的电影、电视剧作品，也能够对侦探霍桑与助手包朗，有一个更为直观的认识。而直到 2019 年，电影《大侦探霍桑》再一次将霍桑与包朗的形象搬上了银幕。

（六）霍桑与程小青

虽然我们今天不能看到民国电影中的霍桑形象，但是根据"霍桑探案"的小说内容以及程小青的其他相关文字，还是可以想象霍桑的外貌、衣着、生平经历，乃至为人气质等等。比如小说中写道：

> 霍桑是我的知己朋友，也可称之为"莫逆之交"，我们在大公中学与中华大学都是同学，前后有六年。我主修

文学，霍桑主修理科。霍桑体格魁梧结实，身高五尺九寸，重一百五十多磅，面貌长方，鼻梁高，额宽阔，两眼深黑色，炯炯有光。性格顽强，智睿机警，记忆力特别强，推理力更是超人，而且最善解人意，揣度人情。[15]

甚至关于"霍桑"和"包朗"这两个并不那么"传统"的小说人物姓名，在作者程小青这里其实也是有意为之的设计。他在《霍桑和包朗的命意》一文中对笔下侦探及助手的姓名设计做出了解释：

> 有几个老朋友说我创著的霍桑探案，情节方面，虽然还合中国社会，但"霍桑"和"包朗"两个人名字，却带着几分西洋色彩。若使把他们改做"王福宝"、"李得胜"等等的名字，那就更加可以合配中国人的心理了。……若使说这种模样的人物，乃是守公理、论是非、治科学、讲卫生的新侦探家，那就牛头不对马嘴，未免要教人笑歪嘴了。原来我理想中的人物，虽然都子虚乌有，却也希望我国未来的少年，把他们俩当做模范，养成几个真正的新侦探，在公道上做一层保障，不致教无产阶级的平民，永永践在大人老爷们的脚下。我本在著这一层微意，才特地把我书中主角的名字，题得略为别致一些，不知道大家赞成么？[16]

也就是说程小青在"霍桑"的人物姓名设计上，已经包含了一层追求现代、破除封建、革故鼎新的意思在其中。

　　当然，对于"霍桑"、"包朗"等人物名字设计上的西洋风格并不是一种崇洋媚外，相反，程小青极力凸显自己笔下侦探人物的中国人身份与爱国主义品质。比如霍桑的吃穿与日常生活物品就都被明确地强调为"中国制造"或"国货"。其长子程育德对此曾回忆说道："对于霍桑这样一个人物，我父亲十分注意宣扬他的爱国行动，连霍桑的衣着、生活也要突出其爱国的一面。看《霍桑探案》不难发现，霍桑吸的纸烟是南洋兄弟烟草公司生产的白金龙牌纸烟，用的牙刷是梁新记双十牌牙刷，牙刷杯是江西景德镇的产品，穿西服的面料是章华毛纺厂出品的羝羊牌毛料，甚至连他寓所会客室里的地席也注明是温州产。这样不厌其烦地描述霍桑，无非是我父亲一片爱国之心在其作品中的反映。"[17]甚至如果进一步仔细阅读小说文本，我们还不难发现作者程小青会专门在小说中强调"这时候黄包车夫也在吃大量销行的外国烟了，他吸的还是那快近落伍的老牌子"，"纸烟还是白金龙"[18]。而可与之形成有趣对比的地方在于，程小青小说中的死者却往往都是过着非常西化和奢侈的生活，其中的批判态度显而易见。甚至我们也可以说，构成整个"霍桑探案"系列侦探小说最大的"中国背景"是当时中国国力贫弱、教育不兴、青年颓废以及社会上重物质的风气流行，程小青对此则是充满了不满和批判，其弘扬国货的主张、对中国富强的期望与爱国主义的情怀弥散在小说的各个角落里。

　　在人物性格设定上，程小青笔下的侦探霍桑也不同于福尔摩斯那般个性高傲，而是更多了一份谦逊平易的特点。作者程小青则将霍桑与福尔摩斯二者之间的这种性格差异，理解为东西方文化差异之所致。

> 霍桑的睿智才能，在我国侦探界上，无论是私人或
> 是职业的，他总可算首屈一指。但他的虚怀若谷的谦德
> 同样也非寻常人可及。我回想起西方的歇洛克·福尔摩
> 斯，他的天才固然是杰出的，但他却自视甚高，有目空
> 一切的气概。若把福尔摩斯和霍桑相提并论，也可见得
> 东方人和西方人的素养习性显有不同。[19]

关于"霍桑与包朗"这一组人物之间关系的设定，按照
郑逸梅的说法，其实是有着现实人物原型做基础的，即"小
青的侦探小说，主脑为霍桑，助手为包朗，赵芝岩和小青过
从甚密，又事事合作，所以吾们都承认他为包朗"[20]。此外，
按照"霍桑探案"小说里的说法，"下走姓包名朗，在学校里
当一个教员"[21]，而霍桑与包朗曾长期在苏州从事侦探工作，
后来才搬到上海爱文路七十七号，这些都和程小青自己曾经
在苏州生活并在中学教书的经历相契合。另外，也有说法认
为包朗这个小说人物名字，其实是程小青在和文坛前辈及苏
州同乡包天笑开的一个小玩笑（包天笑字朗孙）。

除了霍桑性格、兴趣和经历等方面都有着程小青个人生活的
影子，程小青还努力把小说中这名中国名侦探对于西方现代精神
中的理性、科学、正义与法治等概念的理解中国化，为这些身为
侦探所必备的基本价值观念寻找到中国本土的哲学与伦理依据。
比如"他始终觉得儒家思想的'格物致知'和近代的科学方法十

分相近，心中最佩服，平时都能亲自加以实践。同时他又欣赏墨子的'兼爱主义'，长期受到墨子的那一种仗义行侠的熏陶，养成他痛恨罪恶，痛恨为非作歹，见义勇为，扶助贫困压制强权的品格"[22]。由此，程小青就将一名现代侦探身上所必须具备的两大基础性价值观——理性与正义成功追溯到了中国传统儒家"格物致知"与墨家"仗义任侠"的精神文化传统之中。甚至在对相关知识的掌握上，程小青也是将中国的《洗冤录》和西方的《犯罪心理学》《罪犯学》《法医学》《侦探学》等一并"拿来"（取鲁迅《拿来主义》之意），共同学习，"广为涉猎"[23]。

作为侦探小说作家的程小青，为了更好地创作出真实可信、符合科学精神与现代感的侦探小说作品，而一度曾经投身于侦探学与犯罪心理学的学习和研究中。好友郑逸梅就曾说程小青"由美利坚某大学函授罪犯心理学，乃关于侦探应有之学术，艺乃大进"[24]。魏绍昌也曾提到"在二十年代，他还通过函授向美国警官学校学习了罪犯心理学与侦探应用技术等课程"[25]。而根据后来研究者所编写的《程小青小传》中的相关说法，乃是其"自学多种国外刑事、侦探学理论，1924年函授攻读美国大学《犯罪心理学》《侦探学》等课程"[26]。几种说法对于程小青具体学习的科目名称彼此之间略有出入，但大体上相差不远，都指出了其以函授的方式学习了美国有关于侦探学、刑事学、犯罪心理学一类的课程和知识。关于这些课程的具体内容，我们现在不得而知，但通过程小青的一些理论文章与渗透在其小说作品字里行间的蛛丝马迹，我们大概可以粗略还原出一份程小青函授学习的知识范围及他自己阅读过的相关"书单"。比如程小青在《科学的侦探术》一篇文章中提到自己读过克罗勃博士的关于秘密信的研究著作《符号信的研究》[27]。而借着其小说中人物霍桑与包朗之口，我们可以知道程小青谙熟刑事心理学权威 H. 葛洛斯（H. Gross）的相关心理实验，读过哈雷特的《犯罪心理》一书，并且对意大利学者 C. 龙波洛梭（C. Lombroso）、法国学者 A. 拉卡萨尼（A. Lacassagne）、日本学者胜水淳行等人的犯罪学理论以及弗洛伊德的"精神分析学"、"变态心理学"和奥地利学者 J. 勃洛尔（J. Breuer）的"谈话治疗法"等都有所涉猎和了解。此外，程小青还曾以"曾经沧海室主"的笔名在《侦探世界》杂志上连载过《指纹略说》一文，并发表了《英国地方监狱的罪犯状况》《警察犬》等侦探类科普轶闻[28]，这些应该都是他相关学习或阅读国外同类报刊之后的收获和心得。

（七）80 年代后期的"霍桑归来记"

50 年代之后，被指认为"宣扬资本主义思想，维护资产阶级的法权统治"[29]的侦探小说受到政治冲击和批判，程小青曾以"作品改写"代替"彻底否定"来为侦探小说申辩，试图为侦探小说的创作、翻译和出版争取到一点有待转圜的生存空间[30]。而根据陆文夫的后来回忆，"霍桑探案"系列小说甚至一度被拿出来讨论过是否要重新出版，以及如何出版等问题：

> 出版社邀请作家们开座谈会，征求对出版工作的意见。我在会上便大声疾呼，要为程小青先生出一套选集，

从出版的意义一直讲到封面设计，以及如何发新书预告等等的细节。当时大家听了都很感兴趣，而且认为销售个一二十万册没有问题。想不到紧跟着就是反右派，书没有出得成，我却成了"反党集团分子"，要为程先生出书也成了我的"罪状"之一。[31]

从后来的历史事实来看，在 1949 年新中国成立后至 1957 年反右派斗争展开前，程小青尚且还有四种反特小说创作并出版；但在反右派斗争之后，直至程小青 1976 年去世前，他不仅再没有新的故事创作出来，"霍桑探案"系列也没有任何重新结集出版的机会；而陆文夫被打成"右派"后，长期下放农村、工厂劳动改造，一直到 1978 年才返回苏州重新从事专业文学创作。

在程小青去世十年后，1986 年 6 月开始，一直到 1988 年 8 月，群众出版社陆续出版了 13 卷本的《霍桑探案集》，收录"霍桑探案"系列小说 74 篇，篇目和 40 年代"世界书局版"《霍桑探案袖珍丛刊》完全一致，只是调整了部分篇目的先后顺序，"改正了些错、别字，异体字"，"在个别地方加了注释"。同时，"《江南燕》《无头案》《毋宁死》《试卷》等原来都是文言，为便于青少年阅读，我们特请程先生的长子、在苏州师范执教的程育德同志和程先生之女、侨居美国的作家程育真女士，分别译成白语"。此外，"特别值得提及的，是长篇《活尸》，本来即为作家的得意之作，这里收入的更是作家解放后的重新改写稿……第一次同读者见面"。[32]

《霍桑探案集》群众出版社 1986—1988 年版

　　这套"姗姗来迟"的出版物与"编后记"中透露出一个重要的信息，即程小青在解放后仍重新改写过"霍桑探案"系列中的部分小说，这很有可能就是在 1949 至 1957 年间进行的改写工作，因为当时仍存在重新出版"霍桑探案"的机会。而一向创作态度认真、每次再版时都会反复修改作品的程小青，自然也会趁这个机会继续"精益求精"。从"群众版"所收录的小说《活尸》内容上来看，小说开头包朗还没有开始转述案情时，就特别强调了"这案件曾轰动过整个上海。我现在将它披露出来，让读者们看一看当时上海社会的乌烟瘴气的面貌的一斑，在今昔对比之下，那也许有着某种教育意义吧"[33]。从这里的"当时"、"今昔对比"、"教育意义"等遣词细节，都能看出作家修改作品的时代印痕。只可惜这次修改，要等到作家本人去世十年后才得以和读者见面。同样是在 1986 年，中国文联出版公司出版了 4 卷本的《程小青文集——霍桑探案选》，收录作品内容也没有超出"群众版"范围。

在群众出版社与中国文联出版公司开始出版"霍桑探案"的第二年，吉林文史出版社从 1987 年 4 月开始出版第一本《霍桑探案集》，到 1991 年 8 月已经出至第十本，共收录"霍桑探案"系列小说 74 篇，与"群众版"《霍桑探案集》所含篇目完全一样，二者都是源自 40 年代"世界书局版"《霍桑探案袖珍丛刊》。与此同时，"吉林文史版"《霍桑探案集》又被归入"晚清民国小说研究丛书"系列，并在该套丛书的"出版说明"中强调：

> 过去，整理出版的晚清民国小说作品不多，资料缺乏，给教学和科研带来很多困难。为改变这种状况，我们编辑出版这套《晚清民国小说研究丛书》，向教学科研人员提供第一手资料，为广大读者提供一部形象的近现代历史教科书。[34]

不同于群众出版社作为直属于公安部的国家级出版社，被誉为"新中国公安文化事业的摇篮"，出版惊险、反特、刑侦、侦探类文学作品本来就是其重要的选题方向和品牌特色，从晚清民国小说研究和资料整理的角度入手，吉林文史出版社显然为自己出版"霍桑探案"系列小说的行为找到了不同于群众出版社的另一项依据，并且书前所自陈的"出版目的"也颇符合其作为"文史"类出版社的宗旨和特色。至此，当年陆文夫所"大声疾呼"的"要为程小青先生出一套选集"的想法可以说才最终得以实现。

在"霍桑探案"系列小说重新出版的热潮开始短短两三年之后(此时"吉林文史版"《霍桑探案集》还没有全部出完),1989年2月,岭南美术出版社推出了一套六册的"霍桑探案"系列连环画,分别是《催命符》《白衣怪形》《闯贼船》《连环刺杀案》《舞后血案》和《假项圈》,其中《假项圈》后来还曾于2009年2月,由人民美术出版社"现代故事画库"系列再版。同年3月,人民美术出版社还出版了连环画《轮下血——霍桑探案故事》。同样在1989年3月,上海人民美术出版社出版了一套四辑的32开"大开本"系列连环画《霍桑探案》,平均每辑收录3—4个故事。连环画作为当时的一种流行文艺形式,和小说再版热潮一起,推动了1980年代末"霍桑探案"的成功归来。

（八）程小青的五种反特小说创作

1950年代"霍桑探案"系列小说虽然没有成功再版,但这并不意味着程小青创作事业的终结。他在1950年代,曾创作过五部反特小说——《大树村血案》《她为什么被杀》《生死关头》《不断的警报》和《老渔父》(仅见作者手稿),其中前四种皆曾公开出版,具体情况如下:

《大树村血案》,上海文化出版社,1956年1月初版,首印65000册;1956年2月第2次印刷,印数150000册。又见上海文艺出版社版《大树村血案》,1958年11月初版,首印

6000 册。

《她为什么被杀》，上海文化出版社，1956 年 10 月初版，首印 50000 册；1957 年 4 月第 2 次印刷，印数 20000 册。该小说改编自金雨困同名新闻报道《她为什么被杀》，刊于《人民日报》，1955 年 11 月 14 日。

《不断的警报》，江苏人民出版社，1957 年 4 月初版，首印 9130 册，康济插图。

《生死关头》，江苏人民出版社，1957 年 7 月初版，首印 18500 册，孙铁生插图。

《肃反小说选（1949—1959）》，群众出版社，1962 年 8 月初版，首印 20200 册，内收程小青反特小说《生死关头》一篇。

在程小青的这几种反特小说作品中，也能见出他侦探小说的写作功底和创作态度的精益求精。比如同样是书写"抓特务"这一革命题材，他的几篇小说却几乎一篇一个花样：有结合传统侦探小说侦破手法的合作社题材作品（《大树村血案》），有根据现实杀人案件新闻改写的悬疑谋杀故事（《她为什么被杀》），更有大胆突破、通篇采取特务第一人称视角的"反特小说"（《生死关头》）……充分显示出作者程小青在不同方向上的创作尝试和积极探索，所以简单否定程小青这一阶段的创作努力、作品多样性与具体创作实绩，是有欠公允的。

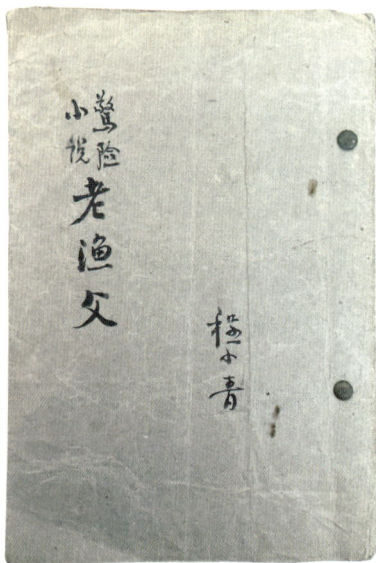

程小青《老渔父》手稿

二、作为侦探小说"全能型选手"的程小青

（一）作为侦探小说翻译家的程小青

在老友郑逸梅看来，程小青称得上是"西方侦探小说译著权威"[35]，既肯定了他在侦探小说"著"（创作）方面的成绩，又指出了程小青在侦探小说"译"（翻译）方面的巨大贡献。[36]而关于作为侦探小说翻译家的程小青，我们主要可以从如下两个层面来进行讨论。一方面是程小青曾经参与过 1916 年中华书局《福尔摩斯侦探案全集》、1925 年上海大东书局《亚森罗苹案全集》和 1926 年世界书局《标点白话福尔摩斯探案大全集》三套欧美侦探小说"全集"的翻译工作。这三套"全集"

的译介不仅在当时国内侦探小说翻译作品中形成了最具典范意义的"翻译范本"，同时也深刻影响了后来民国侦探小说本土创作的基本路径，即"福尔摩斯探案"模式和"侠盗亚森罗苹案"模式。其中，在1916年中华书局《福尔摩斯侦探案全集》（共十二册）所收录的四十四篇"福尔摩斯探案"系列小说中，程小青主要承担了第六、七、十一、十二册中部分小说的翻译工作，其中包括第六册中的《偻背眩人》一篇，第七册中的《希腊舌人》《海军密约》两篇，第十一册中的《魔足》一篇和第十二册《罪薮》（为长篇小说单行本）全本。[37] 而在1925年上海大东书局《亚森罗苹案全集》（共二十四册）所收录的二十八案中，程小青也参与翻译了"第八册"《古灯》一部长篇[38]。至于在1926年世界书局《标点白话福尔摩斯探案大全集》（全十二册）所收录的五十四篇"福尔摩斯探案"系列作品中，程小青更是翻译了其中18部短篇和2部长篇小说，并成为该套"大全集"翻译工作中最为重要的策划人和联络人之一。甚至在"大全集"出版之后，程小青还在该书1934年的"精装重排版"中独自"补译"了《白脸士兵》《三角屋》《狮鬣》《幕面客》《老屋中的秘密》《棋国手的故事》六篇小说[39]，使之成为名副其实的"福尔摩斯探案全集"。

　　另一方面，即在本书所讨论的"后福尔摩斯时代"，程小青还大量将欧美"黄金时期"的侦探小说名家——如埃勒里·奎因（Ellery Queen）、奥斯汀·弗里曼（Austin Freeman）、莱斯利·查特里斯（Leslie Charteris）、范·达因（Van Dine）、厄尔·比格斯（Earl Biggers）、阿加莎·克里斯蒂（Agatha

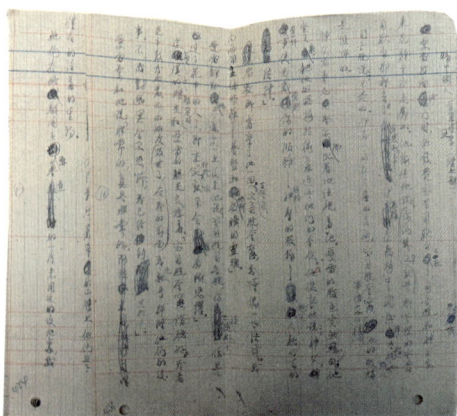

《奎宁探案·暗中恋人》(埃勒里·奎因)
程小青翻译手稿

Christie)等人的代表性作品译介了进来。其中仅大规模成套出版的译作就有《协作探案集》(一册六篇)、《陈查礼侦探案》系列(共六册,现通常翻译为"陈查理侦探案")、《柯柯探案集》(一册四篇)、《圣徒奇案》系列(共十册)、《世界名家侦探小说集》(共八册)、《斐洛凡士探案》系列(共十一册)、《短篇侦探小说选》(共十册)等,程小青侦探小说翻译出版的数量甚至超过"霍桑探案"系列小说创作出版的数量。

其中《希腊棺材》(现通常译作《希腊棺材之谜》,作者埃勒里·奎因)、《绅士帽》(现通常译作《罗马帽子之谜》,作者埃勒里·奎因)[40]、《金丝雀》(现通常译作《金丝雀杀人事件》,作者范·达因)、《花园枪声》(现通常译作《花园杀人事件》,作者范·达因)、《古剑记》(现通常译作《罗杰疑案》,作者阿加莎·克里斯蒂)[41]等皆是欧美侦探小说黄金时期的经典性作品。也就是说,程小青当时已经将"后福尔摩斯时代"欧美最优秀的侦探小说作品同步翻译引进到国内,其选择专业和目光敏锐令人钦佩。甚至诸如厄尔·德尔·比格斯的"陈查理探案"系列、范·达

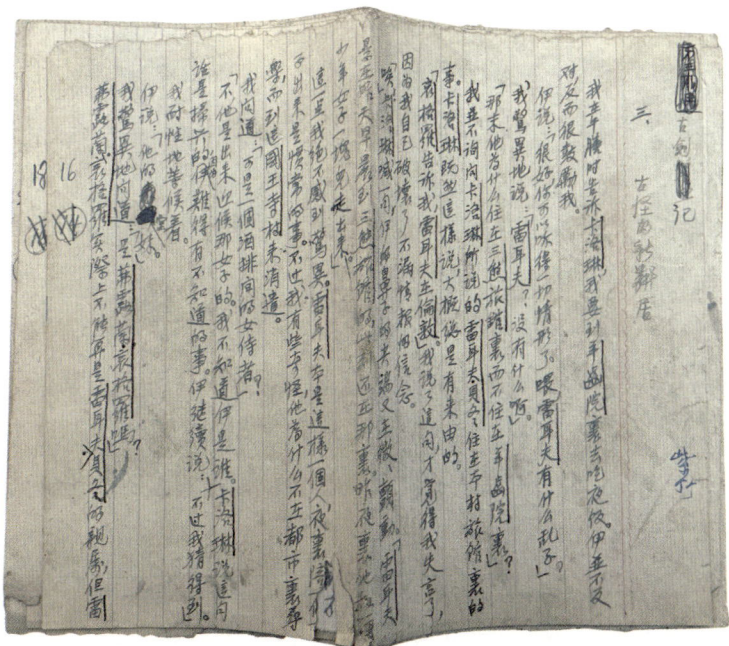

《古剑记》（阿加莎·克里斯蒂）程小青翻译手稿

因的"菲洛·万斯探案"系列、莱斯利·查特里斯的"圣徒奇案"系列等侦探小说作品，程小青几乎以一人之力将它们整套翻译成中文并出版，在民国侦探小说翻译史上也可谓无人出其右。

此外，程小青除了致力于对当时英、法、美等西方侦探小说创作"大国"作家作品的翻译，也关注并引进了不少匈牙利、德国、俄国等国家的侦探小说作品，如《奇怪的迹象》（署名"匈牙利国鲍尔屯葛洛楼著"）、《美的证据》（署名"德国陶哀屈烈克梯屯著"）、《瑞典火柴》（署名"俄国安东乞呵甫著"）等。而这些翻译工作无疑为当时的民国侦探小说作者与读者们拓宽了眼界。

总的来看，我们可以说，作为侦探小说翻译者的程小青，既在 20 世纪 20 年代前后关于"福尔摩斯探案"系列小说的译介、引进、传播与阅读热潮中，是最为重要的参与者、实践者与推动者，又在"福尔摩斯探案"译介热潮过后，仍坚持不断地向中国读者推介欧美"黄金时期"的侦探小说代表性作家与作品。如果说前者奠定了民国侦探小说翻译和创作上的基本格局与典范模式，其意义无疑是重大的，后者则意味着程小青在不断地试图超越这个由"福尔摩斯探案"所打下的翻译、创作格局和典范。从某种程度上来说，这更是难能可贵的探索与尝试。而我们不应因为程小青"侦探小说作家"的巨大名声，而忽略了其作为"侦探小说翻译家"的重要贡献。

另一个有意思的地方在于，不同于民国时期很多知识分子都有过海外求学的经历，程小青本人从未"留过洋"，至多是以函授的形式在国内学习了美国的"犯罪心理学"一类的课程知识。但就是这样一个"足不出国"的人，在英语教育也远未达到普及程度的民国时期，却翻译了超过三百万字的外国侦探小说作品，这不得不说是一个奇迹。1915 年，程小青到苏州天赐庄东吴大学附属中学当临时教员，和教英语的美籍教员许安之互教互学——程向许学英语，许向程学吴语，类似于我们今天的"语言伙伴"关系。程小青的英语程度由此大进，于是开始尝试侦探小说的翻译工作（1916 年加盟中华书局《福尔摩斯侦探案全集》的翻译工作），并一发而不可收。[42] 我们现在很难完整还原出程小青英语学习的过程，但其数百万字的翻译成果积累，显然不可能是短短一年的"语言伙伴"关系所能达到的英语水平，而应该是一个长期坚持学习与锻炼的结果（翻译工作本身也是一种语言能力的锻炼）。

甚至在 1936 年 9 月，程小青与庞啸龙还合编过一本《袖珍标准英汉新字典》，三明印刷厂印刷，三民图书公司发行，该字典分为平装本和精装本两种，并在 1946 年 12 月重新出版过"新一版"。从该字典"目次"可知，其除了基本的"字典"主体部分，还有"标点法"、"词类"、"词类分析表"、"句的分析表"、"不规则动词表"、"动词时间式举例"、"英文相反字表"、"英文同义字表"等"附录"，相当于在"字典"之外，加入了一本英语自学手册的内容。而这些竟然出自基本靠自学英语成才的程小青之手，实在

《袖珍标准英汉新字典》（程小青、庞啸龙合编）

令人感到吃惊。或者我们也可以想象，这些"附录"中的各种英语学习表格，可能就是来自程小青平时自学英语时的经验和心得。

（二）作为杂志编辑和评论家的程小青

除了侦探小说作家与翻译家的身份，程小青多次担任不同侦探小说杂志编辑、顾问与主编，其参与创办和经营的杂志贯穿了 20 世纪 20 年代前期和 40 年代后期中国早期侦探小说创作的两大发展波段。具体而言，在民国时期第一本侦探小说杂志《侦探世界》于 1923 年创办时，程小青就在该杂志前后二十四期中一直署名为"编辑"，坚持到杂志停刊；在 1946 年以后，程小青又承担了全部十七期的《新侦探》杂志主编工作（更准确地来说，程小青是《新侦探》杂志版权页上所署唯一编辑者）；而在 1949 年，程小青又出任了四期《红皮书》杂志（该杂志一共仅见四期）的编辑顾问。

总的来看，程小青担任侦探小说杂志的编辑工作和其从事侦探小说创作与翻译工作是紧密关联且相辅相成的。一方面，毋庸讳言，在很大程度上，正是因为程小青在侦探小说创作和翻译上所取得的巨大成就和其所收获的名气与影响力，才使得程小青不断被侦探小说杂志邀请作为编辑、主编或者编辑顾问，以期待通过他的专业眼光来把握杂志的内容方向，同时借助他在读者中的声望来增加杂志的销量。因此，也不排除一些杂志请程小青做编辑，有"挂名"之嫌。另一方面，程小青在很多时候也是切实参与到了这些侦探小说杂志的创办、编辑和经营工作之中，而这也构成了程小青能够更好地践行其对侦探小说的理解和认知、完成其侦探小说创作和翻译工作的重要平台。比如程小青在 1923 年的《侦探世界》杂志上翻译、推出了署名"英国弼斯敦著"的"协作探案"系列小说六篇，后来又在 20 世纪 40 年代后期他自己担任主编的《新侦探》杂志上不断推出有关埃勒里·奎因、奥斯汀·弗里曼、莱斯利·查特里斯等人的侦探小说翻译。这就和程小青作为侦探小说译者的眼光与选择，以及其作为侦探小说杂志主编的权责与便利都密不可分。

此外，还值得一提的是，除了上述几种专门性的侦探小说杂志，程小青还曾经创办或主编过《新月》（此《新月》并非胡适、徐志摩、梁实秋等人所创办的《新月》杂志，而是与之同名的另一种文学刊物）、《太湖》、《橄榄》等文学杂志或"同人刊物"。比如，在 1925 年 9 月 21 日的《申报》上，就曾经刊登过程小青主编《新月》杂志的广告文字："月刊杂志《新月》，为程小青、钱释云二君主编。首期将于阴历八月中秋出版，有长篇小说十余篇，杂作补白不计。全书厚约二百页，铜图照片约八页，共九万余言。定书处设四川路一号物品交易所内，发行处为上海图书馆云。"[43] 而再看郑逸梅的相关回忆："当时吴中星社同文，几乎每人编一刊物，如范烟桥的《星报》，范菊高的《芳草》，姚苏凤的《诤友》，黄若玄的《癸亥》，尤半狂的《戏剧周刊》，徐碧波的《波光》和我的《秋声》，都是刊物中的小型者。这时程小青异军苍头，也编了一个刊物《太湖》。除登载他的侦探小说外，又罗致了许多文友的作品，连出了若干期。……既而他又和徐碧波合辑一刊物，名曰《橄榄》，内容有集锦小说、笔记、杂札、文虎、漫画，而那些悬赏征求，又很有趣，颇能博得社会的欢迎。"⁴⁴在上述这几种杂志上，虽也能偶尔见到程小青关于侦探小说的创作、翻译或评论文字，但其中更多的还是他与朋友之间相互唱和，或者写景抒情一类的"文人之作"。如果说程小青担任《侦探世界》和《新侦探》杂志编辑或主编工作，是在为了实现自己对侦探小说这份现代文学事业的理想而努力，那么其创办《太湖》《橄榄》等杂志则更多体现出了程小青作为一名传统中国文人的个体抒怀与情趣追求。

　　如前文所述，作为侦探小说作者的程小青在民国侦探小说创作的道路上不断努力探索与坚持书写实践，作为侦探小说翻译者的程小青需要时时关注西方侦探小说发展的最新动态及名家名作，作为侦探小说杂志编辑的程小青又必须对国内侦探小说的创作情况有所了解且保持一定的文人交往。因此，在亲身的创作经验、国际化的开阔视野和对国内作家作品的整体性把握三者齐备的情况下，程小青无疑是当时国内最合适的侦探小说文学评论者、理论研究者与文学史书写者。而从实际情况来看，也的确如此。程小青创作了诸如《侦探小说作法的管见》⁴⁵、《侦探小说和科学》⁴⁶、《谈侦探小说》⁴⁷、《侦探小说作法之一得》⁴⁸、《侦探小说在文学上之位置》[49]、《侦探小说的多方面》[50]、《从"视而不见"说到侦探小说》[51]、《论侦探小说》[52]、《从侦探小说说起》[53] 等一批非常重要的侦探小说评论或理论性文字。其中既有其对侦探小说创作技法与类型规律的"经验之谈",也有对欧美侦探小说史的梳理介绍,还不乏关于侦探小说在国内发展状况及其价值内涵的不断讨论和申辩。在这些评论和理论文章中,特别值得关注的是《侦探小说的多方面》和《论侦探小说》两篇文章,其从世界第一位侦探小说作家爱伦·坡开始,一直谈到该文章写作时民国侦探小说界的最新创作与发展情况,并对其中的重要作家作品基本上做到了客观公允的评述结合,可视为中国最早的"侦探小说史"的"雏形"之作。当然,我们也必须指出,在程小青的这些侦探小说研究文章中,一直贯彻着某些"实用主义"的文学观念,比如其将侦探小说视为"开启民智"与"拯救民族"的手段之一。而从"后见之明"的角度来看,程小青的这种文学立场与态度既和其作为现代知识分子与爱国者的自我身份定位密切相关,也是其对于当时被视为"鸳鸯蝴蝶派"文学之一种的民国侦探小说所做出的某种策略性表达和回应。

(三)侦探小说"创意写作"教师

除了侦探小说作家、翻译家、杂志编辑、电影编剧等身份,程小青还可能曾经担任过侦探小说写作方面的教学工作。在《侦探世界》第十三期上曾经刊载过一则题为《介绍上海小说专修学校》的广告性质文章，具体转录如下：

> 上海小说专修学校，为小说家张舍我君所创办，以教授小说文学、造就小说人才为宗旨。现先依照美国哥伦比亚大学小说科校外部办法，编发讲义、通信教授。不限男女、不论年龄，凡曾受中等教育或有同等之学力者，均可报名入学。内分小说修辞学、小说哲学、小说解剖学、小说译学、侦探小说专科等门。以五个月为一学期，四学期毕业，每学期学费十二元。现已开学，成绩颇佳。余以其于文艺前途至有关系也，故乐为介绍之。凡有志于斯者，请径向上海西门内静修路合德里六号该校，索取详章可也。[54]

而在具体的《上海小说专修学校招生及章程》后文中，我们可以看到负责"侦探小说专科"的教员正是程小青。[55]虽然有关于程小青教授"侦探小说专科"的具体内容、讲义文稿和当年上课场景等细节已不可考，甚至这所上海小说专修学校最后是否真的有付诸运营也需要进一步确认，但作为民国时期最重要的侦探小说作家、译者、杂志编辑、评论家和理论家，程小青无疑是这一教学岗位最为合适的人选。而其所写作的《侦探小说作法的管见》和《侦探小说作法之一得》等文章，既是非常重要的关于侦探小说的评论和理论性文字，也是程小青从自身创作经验出发总结出来的写作心得，从中我们似乎可以窥见并想象到一点程小青教授"侦探小说专科"相关课程时可能会采用的理念和思路。比如其将侦探小说的结构分为"动的"与"静的"两类，大概类似于我们今天所说的"重惊险"和"重悬疑"两种创作倾向，或者"行动派"与"推理派"两类侦探形象；又如其注重探究如何才能做到"吸住读者的眼光，使他不读完不肯释卷"[56]，同时还讲求通过发挥作者的想象力将"情"和"理"串联到一起[57]，等等。

虽然程小青当年教授侦探小说写作的经历已经难以考证，但他确实长期担任过中学语文老师，并且还曾将自己多年积累的语文教学经验集结成《语法图解》一书。该书"序"中说明了其成书过程："这一本小册子的原稿曾经在初二、初三和高二年级试教过两学期，同学们一般的反应，大体上都还不差。至少，并不感到枯燥。在教到单句完了阶段时，随便就课文中摘出一些单句，大部分同学都能不感困难地把它的主要成分指出来，并能依法图解，对于词类的性质和巧用，他们也能相当地领会和掌握。"文末落款署"一九五三年九月于苏州市一中 程小青"。书中对于"主语变式的句子"、"宾语变式的句子"、"被动式的句子"、"复成分的句子"、"等立的复合句"、"主从的复合句"等不同句式所做出的逐章精细分析，既是程小青多年语文课堂教学的经验总结，也体现出其作为一名作家对于汉语本身的敏感和关注。不难想象，程小青一定是一名认真负责的好老师。

三、程小青的文人情怀与诗歌创作

（一）"星社"文人雅集

程小青一生主要生活和工作的两座城市分别是上海和苏州，这种"双城记"的经历似乎也隐喻了程小青的双重身份——他不仅仅是一个现代意义上的侦探小说作家、翻译家与电影人（所谓上海现代的面相），同时还是一个传统意义上的中国文人（所谓苏州传统的面相）。程小青是苏州星社核心成员之一，经常参与他们的社团聚会，并与其他社友之间多有诗词唱和往来。星社是民国时期最重要的"鸳鸯蝴蝶派"作家社团之一，其结社与活动也更接近于传统文人雅集的形式。叶瑞宝撰文介绍：

> 1922 年七夕，范烟桥、赵眠云、郑逸梅、顾明道、屠守拙、孙纪于、范君博、范菊高、姚庚夔等九人，在留园雅集，取七夕是双星渡河之辰，"是微小而发着灿烂的光芒"，故名此无社级、无社长、无社费、无社址的一个文学团体为"星社"，以茶话或聚餐方式联络感情，切磋文艺。一般每月集会一次，后改为每星期集会一次，以附合星之名。其地点不定，苏州各园林轮流集会。每年推定二人为值年干事，总是范、赵两人担任。"星社"原限于小说作家，后逐渐扩大，画家陶冷月、蒋吟秋等亦先后参加。至 1932 年，在鹤园举行十周年纪念，社员

已有三十六人，称为三十六天罡。[58]

而署名"纸帐铜瓶室主"的《近数十年来之社史》一文中，也为我们了解当年星社文人雅集的盛况提供了许多生动的信息：

> 星社，吴中之小说团体也。虽无社长，而范烟桥，赵眠云实主其事，迄今已有二十余年历史矣。月一雅集，留影累累，社友著作最多者，尤推周瘦鹃，严独鹤，徐卓呆，程小青，范烟桥，包公毅，及故顾明道，程瞻庐诸子，并有书画家，如丁慕琴，谢闲鸥，朱其石，陶冷月，蒋吟秋，陆澹安，俞逸芬，范君博，徐碧波，陆抑非，柳君然，颜文樑，钱瘦铁，黄觉寺，陶寿百诸子皆是。张善孖，江小鹣则已下世。民国二十年后，星社诸子，纷来海上为寓公，于是雅集辄于海上举行之，事变起即止。[59]

在与星社好友雅集的过程中，程小青也留下了不少诗词作品，比如《申报》1926年10月22日即刊载过其《题冷月社兄松风图》一首："画笔挟风雨，乱云似吼鲸。姮娥窥半面，来听怒涛声。"程小青作诗来品读好友陶冷月的画作，诗画相映成趣，字里行间，气象万千。甚至程小青在1945年还举办过个人的书画扇面展："程小青氏工于译著之外，兼擅丹青，所绘扇面，内外行一致称颂，本月二十二至二十八日红棉画（厅）举行第一次名家个展，附陈程小青先生精品扇面，爱读

程氏侦探小说者，想必乐闻也。"[60] 其身上兼具的文人雅趣和
传统文化造诣由此可见一斑。

（二）晚年的《苏州园林》诗稿

根据郑逸梅的说法，"小青喜国画，曾从陈迦庵学花卉，
露莲烟芍，翠竹绛梅，极晖丽五彩之妙。又能书，行楷无俗笔，
但不多作。偶亦吟咏，苏州多园林，他游必有诗，汇刊成一
小册。他平素持躬俭约，笔耕所入，在苏州阊门望星桥畔筑
屋数楹，且有客室，宾至辄下陈蕃之榻"[61]，为我们呈现出一
个热爱国画、书法与诗词的传统中国文人程小青形象。而在
程小青的生平创作中，除了侦探小说，的确还有相当数量的
诗词作品。比如八一三事变爆发后，程小青一家避乱在安徽，
根据女儿程育真回忆：

> 窗外风吹焦黄的落叶，是丹桂飘香、金风送爽的季
> 节。这是一个青年人认为"秋风秋雨愁煞人"的不畅快
> 季节，可确然也是作诗的好时辰。
>
> 茶几上几盆初开的菊花，满杯的热茶蒸着热气，父
> 亲又在埋头作诗了。

无题（和周瘦鹃）

开遍山茶岁月深，烽烟处处费沉吟，

应知螺黛牵愁绪，谁使雁翎送好音？

魂断千峰嗟逝水，梦回五夜拥寒衾，

天高海阔浑无邦，一段离情两地心！

忆家

田园劫后叹荒芜，望断音书泪眼枯，

为问新安江上水，肯流归梦到姑苏。

"爸爸，你在挂念到姑苏的家。"我偷看了几首。

"是的，孩子，不知道我们的老屋如今是否无恙。"无限凄怆。

"上次不是有人写信来说，家中总算被劫得还好吗？"我觉得刚才的问句问得不好，无意在他心头愁上加忧，于是我立刻转过话锋："爸爸我倒很欢喜陆放翁的诗，飘逸萧爽，读起来令人低佪不已。"

"不错，放翁的诗最富民族思想，青年读读足以激发爱国心。其实要学旧诗，还得从杜甫的诗入手。"

"爸爸，你最欢喜的诗呢？"

"剑外忽传收蓟北，初闻涕泪满衣裳，却看妻子愁何在，漫卷诗书喜欲狂；白日放歌须纵酒，青春作伴好还乡，即从巴峡穿巫峡，便下襄阳向洛阳。"

轻风拂过，带来二三片酡红的枫叶，我随手拾起枫叶玩弄。

"你觉得怎样？孩子！"父亲斜睨了我一眼。

"爸爸，这诗很有意思！"

是的，爸爸日夜关念着自己的祖国。[62]

在这种战乱离丧、有家难回的背景下，诗歌成为支持程小青的重要精神力量来源。而进入六七十年代，当侦探小说的创作与翻译等公开表达变得不再可能之时，程小青就将更多的热情投诸诗歌创作上。比如他这一时期创作的《苏州园林》诗歌十二首（1975 年），现在

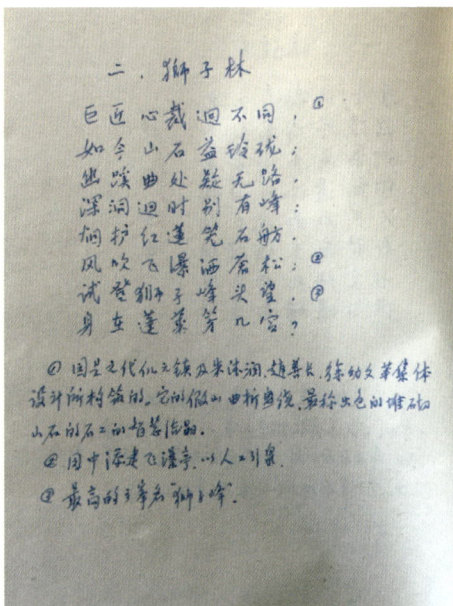

程小青《狮子林》手稿

读来，仍饶有趣味，姑且抄录三首在此，聊作为本文的结束，以及作为我们对于程小青先生的深切怀念。

一　沧浪亭

历尽风霜春不老，沧浪亭古著新声；
仰看乔木因忘暑，俯掬清流可濯缨；
人坐水轩观下钓，我登高阜颂深耕；
归来桥北回头望，怪石嶙峋两岸平。

二　狮子林

巨匠心裁迥不同，如今山石益玲珑；

124

幽蹊曲处疑无路，深洞回时别有峰；

烟护红莲笼石舫，风吹飞瀑洒苍松；

试登狮子峰头望，身在蓬莱第几宫？

九　寒山寺

看山须到寒山寺，寺外青山照眼明；

诗句有灵传广宇，钟声无翼渡东瀛；

古碑残缺犹争拓，高阁逶迤好倚楹；

新辟运河宽百尺，寒山拾得慕心惊。

写于 2023 年 12 月 16 日

修改于 2024 年 1 月 7 日

注释：

1. 郑逸梅：《程小青和世界书局》，收录于郑逸梅：《芸编指痕》，北方文艺出版社，2016 年，第 175 页。

2. 朱斄：《东方福尔摩斯案赘言》，《新月》第一卷第五期，1926 年 1 月 23 日。

3. 程小青：《侦探小说作法的管见》，《侦探世界》第一期，1923 年 6 月。

4. 程育真：《父亲——虔诚垂首愿以心香一瓣默默地为父母祝祷》，《小说月报》第四十五期，1944 年 11 月 25 日。

5. 程小青在《引言》中的时间表述为"去年"，而该引言为 1944 年世界书局版《龙虎斗》的《引言》，落款时间为民国"三十二年春"，故推测程小青重新见到并着手修改自己当年作品文稿的时间应为 1942 年。

6. 程小青：《龙虎斗·引言》，收录于上海市作家协会、上海文学发展基金会主持:《海上文学百家文库》(范烟桥、程小青卷),上海文艺出版社,2010年,第319—320页。

7. 郑逸梅:《程小青》,收录于芮和师、范伯群、郑学弢、徐斯年、袁沧洲编:《鸳鸯蝴蝶派文学资料》,福建人民出版社,1984年,第388—389页。

8. 张碧梧:《双雄斗智记》,《半月》第一卷第一期至第一卷第二十四期(分22次连载,其中第一卷第十期、第一卷第十六期未刊载),1921年9月16日至1922年8月23日,署名"张碧梧"。该小说首次连载前有一段署名"碧梧识"的前言文字,而小说情节主要是"东方福尔摩斯"霍桑与"东方亚森罗苹"罗平之间的斗智故事,或可以视为"霍桑探案"的"同人小说"。又见小说单行本《双雄斗智记》(上、下两册),上海大东书局,1926年7月,署名"张碧梧译述,周瘦鹃校阅"。

9. 程小青:《侦探小说的多方面》,收录于程小青:《霍桑探案汇刊》第二集,上海文华美术图书公司,1933年1月。不过程小青此处的回忆有些许细节上的错误,比如张碧梧的小说名称应该是《双雄斗智记》,而非《双雄斗智录》,发表刊物应为《半月》,而非《紫罗兰》。

10. 紫微:《程小青控版商冒名》,《飞报》,1948年3月4日。

11. 参见含凉(范烟桥):《侦探小说之冒名讼》,《铁报》,1948年3月4日。

12.《程小青声明》,《新闻报》,1939年2月4日。

13. 参见中国电影资料馆编:《中国影片大典 故事片·戏曲片(1931—1949.9)》(中国电影出版社,2005年),戴金玲的《侦探之王程小青电影观念研究》(南京艺术学院硕士学位论文,2015年3月)以及李斌的《江苏艺术家与早期中国电影文化产业发展研究》(高等教育出版社,2017年)一书附录中的相关统计内容。

14. 江元舟:《小说家程小青》,收录于《吴中耆旧集——苏州文化人物传》,江苏文史资料编辑部,1991年,第94页。

15. 程小青:《江南燕》,收录于程小青:《霍桑探案集1——舞后的归宿》,群众出版社,1997年,第243页。

16. 程小青：《霍桑和包朗的命意》，《最小》，1923 年 3 月 5 日。

17. 程育德：《程小青和〈霍桑探案〉》，收录于苏州杂志社编：《〈苏州杂志〉文选·故人》，文汇出版社，2016 年，第 45 页。

18. 程小青：《雾中花》，《中美周报》第二百五十六期，1947 年，第 36 页。

19. 程小青：《无罪之凶手》，收录于程小青：《霍桑探案集 5——血匕首》，群众出版社，1997 年，第 517—518 页。

20. 郑逸梅：《记侦探小说家程小青轶事》，《新月》第二卷第一期，1926 年 4 月 26 日。

21. 程小青：《倭刀记》，收录于上海市作家协会、上海文学发展基金会主持：《海上文学百家文库》（范烟桥、程小青卷），上海文艺出版社，2010 年，第 99 页。

22. 程小青：《江南燕》，收录于程小青：《霍桑探案集 1——舞后的归宿》，群众出版社，1997 年，第 244 页。

23. 程育德：《程小青和〈霍桑探案〉》，收录于苏州杂志社编：《〈苏州杂志〉文选·故人》，文汇出版社，2016 年，第 46 页。

24. 郑逸梅：《程小青》，收录于芮和师、范伯群、郑学弢、徐斯年、袁沧洲编：《鸳鸯蝴蝶派文学资料》，福建人民出版社，1984 年，第 388—389 页。

25. 魏绍昌：《十八罗汉·程小青》，收录于魏绍昌：《我看鸳鸯蝴蝶派》，上海书店出版社，2015 年，第 128 页。

26. 《程小青小传》，收录于中国现代文学馆编：《中国现代文学百家·程小青代表作》，华夏出版社，1999 年，第 352 页。

27. 程小青：《科学的侦探术》，《侦探世界》第十八期至第二十期，1924 年正月望日（农历）至 1924 年二月望日（农历）。

28. 程小青：《指纹略说》，《侦探世界》第一期至第七期，1923 年 6 月至 1923 年？月，署名"曾经沧海室主"；程小青：《英国地方监狱的罪犯状况》，《侦探世界》第十四期，1923 年十一月望日（农历），《侦探谈话会》栏目，署名"曾经沧海室主"；程小青：《警察犬》，《侦探世界》第二十一期，1924 年三月朔日（农历），《侦探谈话会》栏目，署名"曾经沧海室主"。

29. 刘堃：《怎样正确地阅读〈福尔摩斯探案〉？》，《读书》第五期，1959 年。

30. 参见程小青：《从侦探小说说起》，《文汇报》，1957 年 5 月 21 日。

31. 陆文夫：《心香一瓣祭程小青》，收录于陆文夫：《人之于味——陆文夫散文》，浙江文艺出版社，2015 年，第 113 页。

32. 吟蜂：《霍桑探案集编后》，收录于程小青：《霍桑探案集（十三）》，群众出版社，1988 年，第 315—317 页。

33. 程小青：《活尸》，收录于程小青：《霍桑探案集（八）》，群众出版社，1987 年，第 164 页。

34. 程小青：《霍桑探案集（一）——舞后的归宿》"出版说明"，收录于程小青：《霍桑探案集（一）——舞后的归宿》，吉林文史出版社，1987 年。

35. 郑逸梅：《人寿室忆往录——侦探小说家程小青》，《大成》第一百三十三期，转引自范伯群：《后记——论程小青的〈霍桑探案〉》，收录于程小青：《霍桑惊险探案 3—4》，中国国际广播出版社，2002 年，第 347 页。

36. 根据禹玲《现代通俗作家译群五大代表人物研究》（苏州大学博士学位论文，2011 年）中的相关整理和统计，程小青的译作共有 154 种之多。

37. 现在通常译作《驼背人》《希腊译员》《海军协定》《魔鬼之足》和《恐怖谷》。

38. 现在通常译作《犹太人油灯》。

39. 现在通常译作《皮肤变白的军人》《三角墙山庄》《狮鬃毛》《戴面纱的房客》《肖斯科姆别墅》和《退休的颜料商》。

40. 关于小说《绅士帽》的发现，可参见刘臻《程小青的"绅士帽"》，《书屋》2022 年第 1 期。

41. 程小青翻译的《古剑记》在《新侦探》杂志上发表时，只发表了前两章，后在程小青先生手稿中见到后面全部章节的翻译内容。

42. 参见楚易：《揭秘"中国的福尔摩斯"是如何在苏州诞生的……》，《苏州广播电视报》，2019年1月25日，B9版。

43. 《广告》，《申报》1925年9月21日。

44. 郑逸梅：《程小青和世界书局》，收录于郑逸梅：《芸编指痕》，北方文艺出版社，2016年，第179—180页。

45. 程小青：《侦探小说作法的管见》，《侦探世界》第一、第三期，1923年6月至1923年？月。

46. 程小青：《侦探小说和科学》，《侦探世界》第十三期，1923年十一月朔日（农历）。

47. 程小青：《谈侦探小说》，《新月》第一卷第一期，1925年10月2日。

48. 程小青：《侦探小说作法之一得》，《小说世界》第十二卷第六期，1925年11月6日。

49. 程小青：《侦探小说在文学上之位置》，《紫罗兰》第三卷第二十四期《侦探小说号》，1929年3月11日。

50. 程小青：《侦探小说的多方面》，收录于程小青：《霍桑探案汇刊》第二集，上海文华美术图书公司，1933年1月。

51. 程小青：《从"视而不见"说到侦探小说》，《珊瑚》第二卷第一期，1933年1月1日。

52. 程小青：《论侦探小说》，《新侦探》第一期，1946年1月10日。

53. 程小青：《从侦探小说说起》，《文汇报》1957年5月21日。

54. 茗狂：《介绍上海小说专修学校》，《侦探世界》第十三期，1923年十一月朔日（农历）。

55. 《上海小说专修学校招生及章程》，原刊于《红杂志》第二卷第十三期，1923年。转引自芮和师、范伯群、郑学弢、徐斯年、袁沧洲编：《鸳鸯蝴蝶派文学资料》，福建人民出版社，1984年，第25—26页。

56. 程小青：《侦探小说作法的管见》，《侦探世界》第一、第三期，1923年6月至1923年？月。

57. 程小青:《侦探小说作法之一得》,《小说世界》第十二卷第六期,1925 年 11 月 6 日。

58. 叶瑞宝:《只留清气满乾坤——记蒋吟秋先生》,收录于《吴中耆旧集——苏州文化人物传》,江苏文史资料编辑部出版,1991 年,第 160 页。

59. 纸帐铜瓶室主:《近数十年来之社史》,《永安月刊》第七十八期,1945 年 11 月 1 日。

60.《程小青书画扇面展》,《大上海报》,1945 年 1 月 22 日。

61. 郑逸梅:《程小青和世界书局》,收录于郑逸梅:《芸编指痕》,北方文艺出版社,2016 年,第 179 页。

62. 程育真:《父亲——虔诚垂首愿以心香一瓣默默地为父母祝祷》,《小说月报》第四十五期,1944 年 11 月 25 日。

侦探小说家程小青

郑逸梅

有位肖威先生在某刊物上发表了一篇《程小青与中国侦探小说》，他说："侦探小说的问世，最早的是美国作家爱迪加埃伦坡（现多译为爱伦·坡——编者注）所写的《杜宾探案》，第一篇为《麦格路凶杀案》，它的出现给侦探小说奠下了基石。一八八七年，英国的柯南道尔写出了《血字的研究》，以后又继续写了六十多篇同一性质的作品，塑造了大侦探福尔摩斯的形象，侦探小说于是风靡一时。此外有《侠盗亚森罗苹》《斐洛凡士探案》《陈查理探案》《柯克探案》《圣徒奇案》等。"

我国土产的侦探小说作者，当然受西方影响而来，有陆澹安的《李飞侦探案》，孙了红的《侠盗鲁平奇案》《紫色游泳衣》《蓝色响尾蛇》《不夜城》《夜猎记》，设想离奇，很受读者欢迎。可是笔墨生涯，不能维持活计，穷途潦倒，甚至天寒岁暮，并子由所谓的"衣敝缊袍"也没有一件，朋好们推食解衣，才得过冬。最后患了肺病，没有医药费，平襟亚在他办的《万象》杂志上，登了广告，向读者呼吁，为他解决医药，奈病人膏肓，不治而死。俞天愤奇峰突起，著《中国侦探案》，连在《红玫瑰》杂志上发表。他的探案，附着插图，这些插图，都是照相，是由他搭着布景，请人扮演，花了相当代价，这种伪造的真实性，很能引起读者的兴趣。杂志方面加倍给以稿费，奈还是得不偿失，天愤也就不做这"赔了夫人又折兵"的"蠢事"了。赵苕狂也写了《奇怪的呼声》《真盗假盗》等，他以为不够格，自称"门角落里福尔摩斯"。以上几位，我都认识，曾介绍孙了红、俞天愤二位和号称"东方柯南道尔"的程小青相晤谈。

文章有所谓借宾定主法，我在这儿，就要谈着主人程小青了。小青生于一八九三年六月二十一日，原名青心，晚号茧翁，寓"作茧自缚"之意。因此他的居所在苏州葑门望星桥北塊弄内，称为茧庐，在敌伪时期，他深自韬晦，化名辉斋。他生长上海，出身贫苦家庭。幼年丧父，靠母亲针黹，维持生活，在私塾读了几年书，没有力量再读下去。十余岁，由人介绍，在西人所设的亨达利钟表店当学徒。刻苦耐劳，学习业务，一方面在业余夜校补习英语，为后来阅读西方小说打好基础。得暇周爱咨诹，向人请教，又复阅览《水浒传》，那金圣叹的评语，给他很多的启发，便从事撰写小说。其时周瘦鹃，也是幼年丧父，母亲靠着十指，把他抚养成人，和小青同其命运。二人相识，一同赁屋而居，对于撰述，颇多切磋，合拍了一照片，登载某杂志上。瘦鹃的处女作《爱之花》，发表在王西神所辑的《小说月报》。小青的处女作《鬼妒》，发表在恽铁樵所辑的《小说月报》，铁樵大为赏识，函约一谈，并勖勉他多读前人著作，尤其《礼记·檀弓》，更非精读不可。他经此鼓励，益复沉浸其间，一意于稗官家言。同时又阅读英国柯南道尔的代表作《福尔摩斯探案》，认为该作既具科学分析，又富推理判断，孜孜不倦，加以研究，把它译为中文，向报刊投稿。进一步，又别辟蹊境，撰符合我国国情和风俗习惯的《霍桑探案》，福尔摩斯有助手华生，霍桑有助手包朗，塑造形象，活跃纸上，读者遍及国内，在东南亚一带也拥有相当数量的读者。因此程小青成为侦探小说的译著权威，数十年不替。一九一七年，他从上海移居苏州，在天赐庄东吴大学的附属中学执教。和美国教师许安之相约，互教互学英文和中文。他和赵芝岩同执教鞭，成为莫逆，出入相偕，我们便把芝岩戏称为包朗，芝岩一笑默许。芝岩和我也熟稔，我住沪西长寿路养和村，芝岩离苏来沪，和我住在同村中。还有一位书法家蒋吟秋，抗战时期，避难来沪，一度和我家为比邻，朋好称我们为"三家村"。现在芝岩、吟秋都已逝世，我成为无邻的孤老了。

小青思想致密，胜于常人，当他编撰探案，例必先构一情节草图，情节由甲而乙，由乙而丙丁，草图既成，再求曲折变幻，在甲与乙之间，乙与丙丁之间的大曲折中，复增加些小曲折，极剥茧抽蕉、一环扣一环的能事，使人猜摸不出，及案破，才恍然大悟。每当构思设想，他经常于清晨昧爽，跑到杳无人迹处，冥坐水边石畔，动着脑筋，及群鸟出林，他已粗具结构，归家命笔。且把亲身经历的，耳闻目睹的，和所设想的打成一片。《中国文学家辞典》有《程小青传》，曾有那么几句话："霍桑探案中的私家侦探霍桑，就是程老笔下的一个锄强除暴的英雄人物，大都是社会中下阶层者，这说明程老对旧社会的腐败，和对当时的司法制度和保安机构不信任的表示。"原来他出身于下阶层，对于下阶层是很同情的。

小青的《霍桑探案》，印成袖珍本，凡三十种，由世界书局出版，他自己却藏着一套烫金精装的。所以小青和世界书局多年关系很深，他曾记述世界书局经过，手稿存在我友朱联保处，联保任职世界书局，对于世界书局情况，也是很熟悉的。小青于一九七六年十月十二日逝世，此文从未发表，我就向联保索取，节录如下：

一九二一年七月间，上海福州路的中心，突然出现一幢完全红漆门面的铺子，叫做"红屋"，那一股火灼灼热辣辣的色彩，具有相当大的吸引力，使经过它门前的行人，不由不暂停下脚，注目而视，显然用这样一种方法来招徕顾客，是有些异想天开的。原来世界书局的创始人沈知方，就是一个异想天开的人。他凑集了少数资本，却抱着雄心壮志，企图在根深蒂固和资本雄厚的商务印书馆、中华书局对峙局面的隙缝中，横槊跃马，杀开一条路子，在上海的出版界中形成鼎足而三。因此，他开头时出版的书，都是些适合小市民口味及有关常识的热门作品。另一方面，拼命在广告上卖力，第一种期刊《红杂志》的发行，就是配合他的广告宣传应运而生的。《红杂志》的编辑，挂名的是严独鹤，实际负责的是施济群、陆澹安等。那时我创作的《霍桑探案》，已经在一些报刊上发表了，一个具正义、爱祖国、重科学、反封建的机智勇敢的新型侦探，在那些爱好侦探小说的人们留下了印象，拥有一定数量的读者。《红杂志》约我写稿，我就和世界书局发生了联系。我从《红杂志》及它后来的替身《红玫瑰》所得的稿酬，似乎较丰，这就是沈知方拉拢有些微名的写作人的手段之一。沈曾邀我会谈，他要我把创作和翻译的侦探小说，完全交给世界书局，不再在其它书局和刊物上发表，我觉得这有些像引鸟入笼，没有答应。不久就投我所好，约我主编以侦探小说为主体的《侦探世界》半月刊，这个我答应了。编了一年，一共出了二十四期。在这时期，当然没有余力再为其它刊物写稿，终于做了一年的包身工。约在一九三〇年，我为世界书局承担了编辑《福尔摩斯探案大全集》的任务，福尔摩斯，是英国柯南道尔笔下的理想人物，他的探案，有长篇四种，短篇五十种，前后四十年间，陆续在英国《海滨杂志》发表，由于它的情节曲折离奇，作者又运用着科学理论和技巧，处处出人意外，成为侦探小说中继往开来突出的读物，为广大读者所喜爱。它很早就介绍到我国来，最早的期刊《小说林》中，就有它的译作，单行本也流传了好几种。福尔摩斯的译名，变成了智慧人物的代名词，几乎妇孺皆知，到了一九二〇年左右，中华书局汇集柯南道尔的原作，译出一部《福尔摩斯探案全集》，我和严独鹤周瘦鹃都参加翻译，出版后，销路很广。这时沈知方看准了这一点，叫我把中华书局出版以后柯氏续写的每案一齐收罗在内，另外出一部《福尔摩斯探案大全集》，并把每篇作品重译成白话体，加上新式标点和插图。因为中华版是文言文，读者对象有了限制，他知道我对于此道有偏爱，乐于承担这一工作，就压低稿酬，并限期半年全部完稿。我说："柯氏的探案长短五十四篇，共有七十多万字，半年时间，无论如何完不了。"沈知方却轻描淡写地说："把文言的改成白话，化得了多少工夫呀！"这样，说也惭愧，我竟依从了他的要求。除了我自己，和顾明道等，从原文译了一部分以外，其余的分别请朋友们当真把文言译成了白话，完成了这一粗制滥造的任务。沈氏还有一种巧妙的募集股金的特殊手腕，对写作人来说，就是用书局股票来代替稿费。我翻译的开头几种《斐洛凡士探案》，得到的报酬，就是世界书局的股票，他却不化一文稿费，印出好几本畅销的书。书越出越多，营业也蒸蒸日上，世界书局基础渐渐巩固了，沈氏才逐步改变他原来的作风，也出版了一些较有价值的科学书，"ABC丛书"及《国学古笈》。一自沈氏作古，陆高谊继任经理，出书更趋纯正，信誉渐著，对于商务、中华似有骎骎之势。我的《霍桑探案》三十种，《圣徒奇案》十种，《柯克探案》二种，以及写福尔摩斯与亚森罗苹斗智的《龙虎斗》等作品，都是在陆氏任内出版的。那时报酬办法，已从稿费制改为版税制了。每年结算两次，销行较多的几种，有重版至八九次的，但每次不过一二千册，最畅销的书，只销到一万余册。一九五〇年以后，我又写过惊险小说四种，由上海文化出版社出版，可是情况却完全不同了。第一种《大树村血案》，一下子就销二十二万五千册，第二、第三、第四种，亦各销二十万册左右。

从以上这篇记录，小青的写作情况，得其轮廓。他后期的惊险小说，仅举了一种，其他三种，为《她为什么被杀》《生死关头》《不断的警报》。所刊的《霍桑探案》，我的儿子汝德，喜欢阅看侦探小说，尤其《霍桑探案》，他有一本买一本，差不多齐全，不幸于浩劫中散失了。至于《福尔摩斯探案大全集》，内容分八大类，一、"冒险史"，二、"回忆录"，三、"归来记"，四、"新探案"，五、"血字的研究"，六、"四签名"，七、"古邸之怪"，八、"恐怖谷"。外加一册写真，共十本，硬纸匣装着。这个大全集，主要是小青所译，其他分译的，如周瘦鹃、顾明道、尤半狂等，这几位长于英文，译得很快，我虽读了七八年的英文，但随读随忘，生疏得很，勉强译了三案，记得有一案为《坠溷护花录》，其余两案，并篇名都记不起来了。小青此外又译了《陈查理探案》凡若干种。及《世界名家侦探小说集》，他毕生精力，尽瘁于此，也就成为侦探小说的巨擘。小青更编过电影剧，有些是从探案中改编的。如《江南燕》《窗上人影》《舞女血》《慈母》《贤慧的夫人》《可爱的仇敌》《国魂的复活》，一经放映，都很卖座。

煮字疗饥，这是清苦事，所以靠卖稿为生，谈何容易，但却有例外。在我相识的同文中，便有三位把笔耕所得，筑有屋舍，一为周瘦鹃的紫罗兰庵，一为程瞻庐的望云居，一为程小青的茧庐。茧庐拓地亩许，楼屋数楹，主屋外，尚有客室，昔人所谓"徐稚下陈藩之榻"，小青具备这种条件。当他七十寿辰，我和徐碧波自沪到苏，为他祝嘏，碧波与小青，且有亲家关系，我们即留宿其间，迄今已二十多年了。这时小青和周瘦鹃、范烟桥、蒋吟秋，号称"苏州四老"。现在"四老"俱归道山，回忆之余，不胜感慨。小青隙地种些花卉，有牵牛花、月季花，尤其月季，由他的女儿育真从北美寄些名种来，一经抽长敷荣，英英艳艳，朋好们纷往欣赏，他很高兴，作了一首七绝：

栽得名花四季春，嫣红姹紫总多情。

小园日涉备成趣，一片才凋一片新。

花下又种些蔬菜，乘鲜腴时随手摘取，佐餐不求于市，而味更胜之。屋畔复有成荫之树，他自行整枝。有一次，他失足下坠，幸伤势不重，旋即告痊。家中备有自行车，每外出，他老人家犹御车飞驰，古稀老翁，有此精力，没有个不欣羡他。

他有二子，育德、育刚。育刚行医在外，育德与媳邓援，随侍他老人家，晨昏定省，融融泄泄。孙儿出生尚在抗战时期，小青为之取名曰黎明，以寓重见光明之义。育真幼时带些顽皮性，见父亲写小说，她也操觚摹仿，父亲署名小青，她却署名"大青"。后来与汤雪华、施济美等一同毕业于东吴大学，称为东吴派女作家，尤以育真文采斐然最为特出。她治小说家言，登载各报刊，第一次领到稿费，便用这钱买了一双皮鞋给父亲穿，小青笑逐颜开，举起脚来，告诉朋好："这双皮鞋是育真用稿费给我买的。"足见他老人家衷心的喜悦。小青有位贤德的夫人黄含章，浙江乍浦人，和小青同岁，治家务井井有条，量入为出，且擅外文。小青翻译小说往往由夫人朗读原文，他随手译述，提高了速度。小青喜国画，曾从陈迦庵学花卉，露荷烟芍，翠竹绛梅，极晖丽五采之妙。又能书，行楷无俗笔，但不多作。承他不弃，为我写了几幅。偶亦吟咏，苏州多园林，他游必有诗，汇成一小册，其他如寒山寺、虎丘、天平山、灵岩山，以及鼋头渚、莫愁湖、雁荡、八达岭长

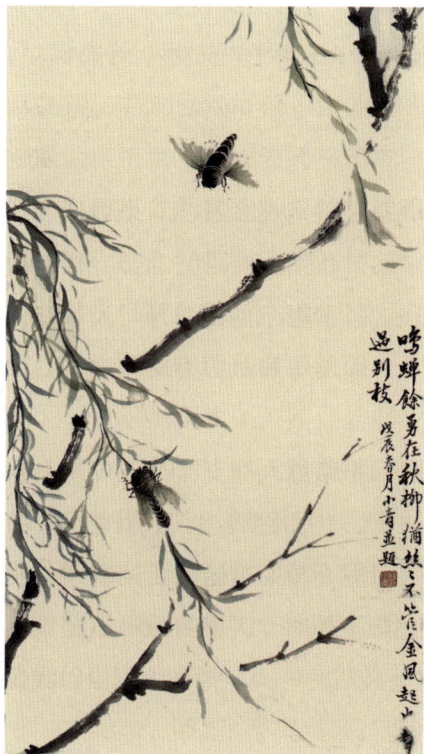

程小青作品

城、卢沟桥、颐和园、天安门、中南海、故宫，游踪所寄，
诗亦随之。抗战时期，他和周瘦鹃、蒋吟秋避难安徽黟县，
居住相当时日，才转到上海。小青初寓马白路某厂房中，后
与徐碧波同寓亨利路永利村十八号。其时我和赵眠云主持戈
登路的国华中学，有宿舍空着，吟秋夫妇即住宿舍中，都兼
国华课，吟秋教的是国文，小青教的是英文，彼此天天见面，
几忘乱离的苦闷。未几，程瞻庐、顾明道也来上海，并兼国
华的课。吟秋和小青都是能画的，恰巧担任总务的谢闲鸥，
他是钱吉生画派的继承者，课余一同在校长室挥笔，瞻庐、
明道为题，绿树映窗，采绘张壁，苦中作乐一番，今日回忆，
尚有余味。

　　抗战胜利，小青返苏，直至一九六六年，过了一段安定
愉快的生活，岂知"文化大革命"，他受到冲击，既而他的贤
偶黄含章逝世，唱随六十年，一旦人天永隔，他大为痛悼。
最奇的，他的女儿育真在美，忽梦母亲病故，及得丧报，死
期和她的梦境，相差只一天，而美国和我国有时间之差，难
道真有所谓"心灵感应"？

　　小青偶来上海，居住在四平路胜利村二十一号外甥女陈
月梅家。当他八十岁那年来沪，我和徐碧波、平襟亚、陆澹
安等打算为他祝寿，已定了日期，他回信给我婉言辞谢，我
和碧波赶到胜利村劝驾，他很坚决说："不敢叨扰，这是虚年
龄，容明年再谈。"岂知这是最后的一面。他病逝家中，我撰
了一副挽联，并有跋语：

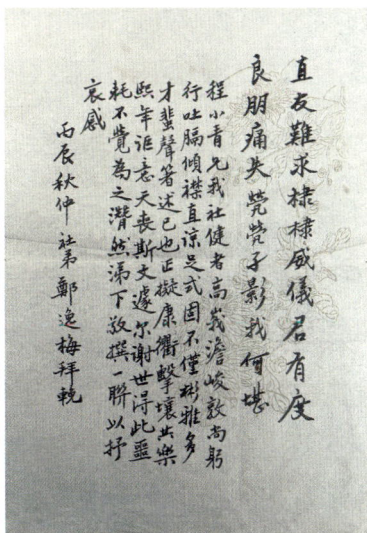

郑逸梅所书挽联及跋语

直友难求，棣棣威仪君有度；
良朋痛失，茕茕子影我何堪。

跋云："程小青兄，我社健者，高峨澹峻，敦尚躬行，吐膈倾襟，直谅足式，固不仅彬雅多才，蜚声著述已也。正拟康衢击壤，共乐熙年，讵意天丧斯文，遽尔谢世，得此噩耗，不觉为之潸然涕下。"

写到这里，又想起他的一二琐事。当时吴中星社同人，几乎每人编一小刊物，如范烟桥的《星报》、范菊高的《芳草》、姚苏凤的《诤友》、黄若玄的《癸亥》、尤半狂的《戏剧周刊》、徐碧波的《波光》和我的《秋声》等等，风起云涌，兴高采烈，小青异军苍头，也编一刊物《太湖》，除了载他的侦探小说，又罗致了许多文友的作品，连出了若干期。太湖为三万六千顷的巨浸，东西两洞庭，矗列其中，诗人称为"水晶盘里双青螺"，真是绝妙的比喻。可是烟水浩渺，芦荻丛杂，其时颇多横暴之流，出没其间，俗称太湖强盗，是杀人越货，无所不为的，所以官方经常派兵捕捉。小青所辑的，既名《太湖》，我们遇见了他，总要向他开玩笑问："近来强盗捉得怎样？"既而他又和徐碧波合辑一刊物，名曰《橄榄》，内容有集锦小说、笔记、杂札、文虎、漫画，而那些悬赏征求，又很有趣，颇博得社会的欢迎。我们遇见了他，又开玩笑问："卖橄榄生意好不好？"他含笑回答："近来物价飞涨，就是这种小生意，也很难做哩。"

有一年夏天，他在庭院中纳凉，半睡半坐在帆布椅上，不料起立，小指轧在机挟中，伤重流血，既愈，我们又对他开玩笑："您不是撰有一探案《断指党》（疑为《断指团》——编者注），今天他们推戴您为断指党领袖了。"

育真在美国，为小青刊印了《茧庐诗词遗稿》，以赠戚友，育真有一附语，略云："（先严）晚年诗词，则遭逢混乱，未曾付梓，辗转保存，幸免焚毁。兄嫂以育真久适异国，迟未拜诵，抄录一份，以供珍藏，而留纪念。此一宝贵遗产，足以反映先严对国族对人群一片丹心，有助兴废起坠。育真反复玩味，既已尽其欣赏受诲之致矣，敢不公诸（之）于世……"词中有《一剪梅》咏家园茧庐，那是作于一九六三年四月，茧庐的环境与景色，历历如在目前，爰录之于下，以殿我文。

桥畔幽居䓍水西，曲岸风微，小巷人稀。

向阳庭院有花蹊，春日芳菲，秋日纷披。

高阁窗前绿树低，晓接朝曦，暮送斜晖。

闲来读画更吟诗，家也怡怡，国也熙熙。

（节选自《人物和集藏》，黑龙江人民出版社，1989年）

《霍桑探案汇刊》第二集序

严独鹤

我和小青缔交了二十多年。他的性格既是十分慷爽，却又十分精细，恰像一个长于侦探学的人才。所以他的作品，也以侦探小说为最多而且最佳。这并非我一人之私言，是阅者所公认的。他所撰的《霍桑探案》不下百数十万言。在《快活林》发表的，也有《新婚劫》《两粒珠》《灰衣人》《紫信笺》等四种，也曾传诵一时。现在他的《霍桑探案汇刊》二集全部告竣，要我作序。我和他的交谊，和《霍桑探案》的关系，既有这样悠久的历史，自然谊不容辞，不能不给他写上几句。

侦探小说本身是科学的，这一点大家都已承认。例如一个侦探在探案时所采取的步骤，不外乎从观察和搜集材料入手，进而研索引证，而达到最后的结论——那完全是科学方法。所以小青在首集的自序里说，侦探小说是一种化装的通俗科学教科书，也不能算是"夸张之词"。

小青所著的《霍桑探案》，固然也纯粹是以科学立场的，而且想象的灵妙，结构的谨严，早已得一般人的称述。但我觉得《霍桑探案》的优点，除了上述数点以外，那主角霍桑本身的性格言行，也有足以暗示人生之处。霍桑是一个富理

143

智，重正义，勇于负责的大侦探。他的从事探案，有两种观念，不时在他的言语动作上表示出来；那就是：一，为工作而工作满足好奇的兴趣；二，为尽服务社会的天职。在"父与女"一案中，霍桑有过几句透切的说话，足以给一般人做服务的正鹄。他说："死有什么可悲？不过人们在瞑（瞑）目以前若不能给一般人做几件事，在这世界上留下几条利他的善痕，却只白白的消费他人的劳力，悠悠忽忽的死去，那才觉得可悲？"他说到罪的问题，又有过这样积极的说话："什么是罪？作奸犯法，损人害物，才算是罪么？不是……那些'饱食终日无所事事'的人们，只知利己而不知利他，也未始没有罪！"

霍桑的严格的性格，也能给一般因循徇私的人一种棒喝。那书中的副角包朗，对于霍桑个性的描写，曾这样说："霍桑的秉性刚直而严正，公和私的界限，绝不容丝毫混杂。他的眼光一经集中在真理的鹄的他便像一架机器，断不许感情来移易变动。"

此外霍桑的言行方面，针对现社会的末俗而有改进的暗示的，更不胜枚举。我们今番遭受了这样严重的外侮，若要希望雪耻图强，恢复我们的民族先荣，以谋"桑榆之收"，那不能不在社会演进的最下层的原动力上——思想方面——下一番彻底的改造。所以我在介绍本集之余，忠实地承认在这充满着徇私，享乐，颓废现象的社会之中，这集子是可以做导引青年思想的一种良好读物。

民国二十一年（1932 年）一月十四日
（载于《霍桑探案汇刊》第二集，上海文华美术图书公司，1933 年；
原标题为《严序》，现标题为编者所加）

论程小青的《霍桑探案》

范伯群

为编选出版《程小青文集》，文夫同志嘱我写一篇评价文章。我是乐于承担的。我自小读过不少霍桑探案小说，虽然还谈不上是"霍迷"，但有时也曾为此废寝忘食，非要到水落石出，浮一大白，方肯释卷。可是，几十年的时光的冲蚀，大半早已忘却。这次为写文章，总要重新阅读一过。岂知在"温故"之中，又有"知新"。这"故"是指老印象：自从我搞文艺评论工作以来，虽未对程先生的作品发表过具体意见，但在头脑中总有一个既定印象——这是一种通俗小说，或是一种通俗的消闲小说。但此番"旧地重游"，却产生了新感触。所知的"新"是：在程先生的小说中，我看到了他一生中有着严肃的追求意向。因此，更增加了我写评价文章的兴会！

一

在半个世纪之前，中国的确有过不少"霍迷"。程小青写道："我所接到的读者们的函件，不但可以说'积纸盈寸'，简直是'盈尺'而有余……他们显然都是霍桑的知己——'霍迷'。"[1] 侦探小说在广大读者中是具有很大吸引力的。它与其他小说的不同在于，它不仅动之于读者的"情"，而且还诉诸读者的"智"。它需要读者伴随作品情节的开展，进行一种理智的活动，即在作品提出的种种疑窦面前，运用科学的方法，与作者一起去观察、探究、集证、演绎、归纳和判断，在严格的逻辑轨道上，"通过调查求证、综合分析、剥茧抽蕉、千回百转的途径，细致地、踏实地、实事求是地，一步步拔（拨）开翳障，走向正鹄，终于找出答案，解决问题"[2]。侦探小说的特点就在于逻辑推理，对一件扑朔迷离的案情，通过推理来排云驱雾，破除重重疑团，得出合理的答案。所以，在国外，侦探小说又名"推理小说"。侦探小说应该是"移情"和"启智"两者并重的，而且往往寓"启智"于"惊险"和"情趣"之中，从而产生特有的魅力。这种魅力就是产生"福（尔摩斯）迷"或"霍（桑）迷"的诱因。侦探小说应该是文学与科学杂交而成的特异品种。

侦探小说的发轫虽可追溯到1841年美国作家艾德加·爱伦·坡的杜平探案第一篇——《麦格路凶案》，[3] 但程小青却师承英国著名侦探小说作家柯南道尔的《福尔摩斯探案》。范烟桥曾评价说：程小青"模仿柯南·道尔的做法，塑造了'中国福尔摩斯'——霍桑，……是纯粹的'国产'侦探"。[4] 当时，在国内专写或兼写侦探小说的作家，不下半百，但是像程小青那样罄毕生精力于推理小说的，确也不可多见，而他的成就确胜过当时的中国同行。所以有人说："在这寂寞万状的中国侦探小说之林中，他的'独步'真是更为难得而更可珍重了。"[5]

程小青的创作动机是严肃的。他既反对描写超人式的英雄，又不渲染色情与暴力。从他的正义感出发，将霍桑作为一个智慧的化身。一方面，程小青是一位认真的、正派的侦探小说家；另一方面，他也是一位模仿多于创造的侦探小说家。他在整体上模仿"福尔摩斯探案"的"大框架"，霍桑和包朗的关系就脱胎于福尔摩斯与华生的搭配；但在局部中却发挥了一定的创造性。在整体建筑的一雕梁一画础中，也匠心独运，若干具体案情，自有他的新意。

从1841年的《麦格路凶案》到1887年的《血字的研究》，柯南道尔集西方侦探小说之大成，使侦探小说定型化了，或者说模式固定化了。程小青现身说法道："譬如写一件复杂的案子，要布置四条线索，内中只有一条可以通到抉发真相的鹄的，其余三条都是引入歧途的假线，那就必须劳包先生的神了，因为侦探小说的结构方面的艺术，真像是布一个迷阵。作者的笔尖，必须带着吸引的力量，把读者引进了迷阵的核心，回旋曲折一时找不到出路，等到最后结束，突然把迷阵的秘门打开，使读者豁然彻悟，那才能算尽了能事。为着要布置这个迷阵，自然不能不需要几条似通非通的线路，这种线路，就须要探案中的辅助人物，如包朗、警官、侦探长等等提示出来。他提出的线路，当然也同样合于逻辑的，不过在某种限度上，总有些阻碍不通，他的见解，差不多代表了一个有健全理智而富好奇心的忠厚的读者，在理论上自然不能有什么违反逻辑之处的。"[6]

这是程小青对侦探小说定型化的经验之谈，注释了他也套用福尔摩斯和华生格式的原因。侦探小说虽有较为固定的模式，但读来却并不觉得单调化、划一化、公式化，就像万花筒中随着彩色玻璃珠的滚动，幻出各个不同的图案一样。程小青的《霍桑探案》也总是多线索、多嫌疑犯的错综矛盾的结构。总是在嫌疑与排除、矛盾与解脱、偶然与必然、肯定与否定、可能与不能、正常与反常的对立之中开展和深化情节，几经曲折反复，最后落实到似乎最不可能、最意外的焦点上，令读者瞠目结舌。此时作者却为此而做出无懈可击的逻辑推理，使读者口服心服。侦探小说的最大魅力就在于组织之严谨、布局之致密、脉线之关合等技巧的自如运用。程小青在这方面是有一定的功力的。他的作品在"启智"的悬念中使读者进入迷宫，而在"山穷水复疑无路，柳暗花明又一村"中豁然开朗。在这一进一出之间培养"霍迷"。

一

据程小青自述，霍桑的命名由来是非常有趣的。1910年代，他参加上海《新闻报》副刊《快活林》的征文竞赛，写了一篇侦探小说《灯光人影》，为其中的侦探取名"霍森"。或是编者的篡改，更可能的是排字工人的误植，印出时被改名"霍桑"。程小青也就以误就误，陆续写起"霍桑探案"来。

在程小青笔下的霍桑并不是万能的超人，书中人曾当面恭维他是"万能的大侦探"。霍桑的回答是："什么话！——万能？人谁是万能？"程小青塑造的霍桑，是一位有胆有识的私家侦探，是程小青理想中的英雄。程小青曾为霍桑立传，写过《霍桑的童年》一类的文章，在《江南燕》等探案中，也着重介绍过他的身世。程小青将霍桑原籍设计为安徽，与程小青的祖籍相同。设计包朗与霍桑在中学、大学同窗六年。后来包朗执教于吴中（这也与程小青任教于东吴附中暗合），霍桑因父母先后谢世，"孑然一身，乃售其皖省故乡之薄产，亦移寓吴门，遂与余同居"。不仅褒赞他学生时代具有科学头脑，对"实验心理变态心理等尤有独到"，而且介绍他"喜墨子之兼爱主义，因墨家行使仗义之薰陶，遂养成其嫉恶如仇，扶困抑强之习性"。[7]这种对人物早年习性之设计与他成为大侦探后，蔑视权贵强暴，同情中下阶层的正义感，具有承袭关系。

霍桑这一形象及其品质，是有许多值得称誉的地方。他有着敏锐的明察秋毫的观察力，踏实而孜孜不倦的调研作风，搜集一切足资证明案件实情的材料，进行精密细致的求证。他认为只有具备科学头脑的人，才有"慧悟"的本领，有"察微知著"的"悟性"的智慧，才是侦探的最主要的素质。他从不指黑为白，更不冤屈无辜。恐吓的方法与他无缘，没有足够的证据，决不下武断的结论。他说："我觉得当侦探的头脑，应得像白纸一张，决不能受任何成见所支配。我们只能就事论事，凭着冷静的理智，科学的方式，依凭实际的事理，推究一切疑问。因此，凡一件案子发生，无论何人，凡是在事实上有嫌疑可能的人，都不能囿于成见，就把那人置之例外。"[8]

霍桑的这种优良的办案作风又与他的积极敢为、出生入死、百折不挠的精神紧密相连。他常常说："希望同呼吸一起存在的。"[9]"绝望的字样在我的字汇中是没有的。"[10]程小青就是用这"智"与"志"相结合的性格作为霍桑形象的基本品貌。程小青笔下的霍桑对侦探工作有着巨大的热情，他之所以能取得常胜的经历，并不是因为他是"'天通眼'或'阴阳妙算'的仙人"，[11]而是以科学的锐智和钢铁的坚志作为武器去战胜隐蔽的罪犯。他已将侦破作为他生活的唯一乐趣。他在承办困难重重的疑案时，就像如鱼得水一样欢快；没有疑案去绞他的脑汁，反如涸辙之鲋，有如生命即将离去似的奄奄一息。他为排翳障、析疑团而奉献身心，一方面是"给这不平的社会尽些保障公道的责任"，另一方面也"完全是为着工作的趣味"。[12]"我们探案，一半在乎满足求知的兴趣，一半凭着服务的使命，也在维持正义。"[13]程小青在写霍桑对侦探工作的巨大兴趣，以致步入了"着迷"的境界，是较为成功的。这也为霍桑这一人物的可信性提供了稳固的基石。如果说，当年有的读者成了"霍迷"，那么首先是因为霍桑是"侦探迷"；其次是因为程小青的"侦探小说创作欲"的旺盛，是个"侦探小说迷"。程小青毕生苦心孤诣，较为成功地塑造了一个东方福尔摩斯——霍桑的形象。

包朗这一"助手形象"在程小青看来是不可少的，似乎这也已成为正宗侦探小说所必需的"固定程式"。但是包朗实际上缺乏自己的性格特征。如果说霍桑是"主脑"型的，那么这位助手却成了作品中的工具，不仅霍桑要用他，更主要的是程小青要用他，因此，包朗是"工具"型的。当作品中布置假线以便将读者引入迷宫时，在大多数情况下，包朗是将读者引入迷宫的"向导"，而使读者豁然开朗的则是主脑型的霍桑。在作品中，这位助手还有一个作用，就是成为霍桑"卖关子"的对象。霍桑要"卖关子"——其实是作者要制造"悬念"，就由包朗将疑点提出，而霍桑却又不愿坦率地回答。有时霍桑说自己尚无把握；或者说，再等半小时，真相必然大白。这样，"悬念"也就产生了。读者当然只有穷追不舍地阅读下去。而一旦霍桑引领读者出了"迷宫"，又少不得包朗从旁为读者做"注释"。所以，包朗既是霍桑的工具，更是程小青的工具，而且又是作者要他去做读者的工具。因此，包朗在《霍桑探案》中，是一个三用的工具，作用可谓大矣，但人物的性格却是不够鲜明的。

三

　　程小青自幼清贫，在自我奋斗中又屡遭挫折，对旧社会他是憎恨的，但他缺乏一种彻底改造社会的信念。在通俗文学作者群中，有人写清官，有人颂豪侠，而程小青则塑造一个伸张正义的侦探。程小青的进步性与局限性必然会反映到他的探案小说中去，而且非常自然地映射在霍桑和包朗这一对"莫逆交"身上。

　　霍桑与包朗对旧社会的不义与腐败是有一定认识的："我

151

又想起近来上海的社会真是愈变愈坏。侵略者的魔手抓住了我们的心脏。一般虎伥们依赖着外力，利用了巧取豪夺的手法，榨得了大众的汗血，便恣意挥霍，狂赌滥舞，奢靡荒淫，造成了一种糜烂的环境，把无量的人都送进了破产堕落之窟。结果因着生活的艰困，顽强的便铤而走险，剽掠掳劫的匪党跟着层出不穷，骇人听闻的奇案也尽足突破历来的罪案纪录。"[14] 霍桑和包朗对当时的法律也有自己的评价："在正义的范围之下，我们并不受呆板的法律的拘束。有时遇到那些因公义而犯罪的人，我们往往自由处置。因为在这渐渐趋向于物质为重心的社会之中，法治精神既然还不能普遍实施，细弱平民受冤蒙屈，往往得不到法律的保障。故而我们不得不本着良心权宜行事。"[15] 一方面他们看到正义和当时的法律是有矛盾和抵触的；另一方面他们又看不到统治阶级法律就整体而言，是维护统治阶级自身的一种工具。他们有时觉得这种法律是有问题的，所以不愿受其束缚；但他们仅仅认为这种法律的弱点是在于"呆板"，所以霍桑就对包朗说："包朗，我们存一些儿慈悲心罢。法律是呆板的东西，对于人的行为的观点，只问有没有抵触条文。"[16] 他们只想用"良心"和"慈悲心"来弥补法律条文之不足。

霍桑和包朗作为私家侦探与官方警探的关系也存在着矛盾的两重性。包朗曾说："现在警探们和司法人员的修养实在太落后了，对于这种常识大半幼稚得可怜，若说利用科学方法侦查罪案，自然差得更远。他们处理疑案，还是利用着民众们没有教育，没有知识，不知道保障固有的人权和自由，随便弄到了一种证据，便威吓刑逼地胡乱做去。这种传统的黑暗情形，想起来真令人发指。"[17]像这类对官方的指责，不失为是一种带有进步意义的见解。但与霍桑、包朗经常共事的警局探长还是常常受到肯定的。即以汪银林为例，在探案中常常出场："汪银林是淞沪警署的侦探部长……已担任了十二三年，经历的案子既多，在社会上很有些声誉。"[18]"汪银林的思想虽不及霍桑的敏捷；关于侦探学上的常识，如观察、推理和应用科学等等，也不能算太丰富，可是他知道爱惜名誉，他的办事的毅力和勇敢……在侪辈中首屈一指。"[19]当然，在程小青笔下也有许墨庸之流的警官，但也仅不过是"主观"和"争功"而已，草菅人命的并不多见。

有人认为程小青将私家侦探塑造成才智过人的英雄，将官方警探处理成庸碌无能之辈，是程小青对当时的司法制度和保安机构不信任的表示。这样就忽视了霍桑与官方警探合作的一面。同时，我们还应看到，用官方警探来衬托私家侦探之机智，也几乎是所有的侦探小说的一个固定模式。否则在惊险小说中就不会有"侦探小说"的分支，而只有"警察小说"了。

霍桑与包朗的两重性实质上是程小青两重性的投影。我们既不能贬低程小青的进步性，也不应忽视他的局限性。但他作品的总倾向是富有正义感的。用历史唯物主义的观点来审视程小青在二十年代至四十年代所具的认识和所写的作品，我们对他是可以理解的，他的作品是存在着积极意义的，在今天也有值得一读的价值。程小青在解放后也站在"客观"

的立场上说："对于旧的纯正的侦探小说，包括翻译的和创作的，似也应以'取其精华，弃其糟粕'的尺度，来重行评价，并考虑重印重译或改写，因为这类小说在启发和诱导青年正确地思想方面，确有一定的辅助作用。"[20] 经过我们的"重新评价"，如果称程小青的《霍桑探案》是"旧的纯正的侦探小说"，我们认为是恰如其分的。

当我们考察了程小青侦探小说内容方面的两重性之后，还不得不指出，在艺术上也有相当的缺陷。他笔下的侦探小说的文学色彩还不够浓烈。它们更接近于"探案记录"。"实录"式的成分较重，而文学味汁较淡。推理的节奏太快而缺乏鉴赏的回味，多层次的悬念接踵而来往往局限了咀嚼的余裕，而情节的巧思又胜于人物刻画的深度。过去似乎有一种理论，以为要抓住读者，侦探小说必须将鉴赏、咀嚼、回味的比重压缩到最低限度；而让悬念和惊险的情节排山倒海地涌来，以便扣人心弦。其实这两者是并不对立的。推理小说的一个分支——"社会派推理小说"的某些作家就很讲究以现实主义笔调将两者较为理想地结合起来。可惜程小青还没有达到像这类社会派推理小说的境界。说到社会推理小说，程小青或许不自觉地做过尝试，但成绩并不突出。如《反抗者》就不属凶杀抢劫案，但它触及的社会问题太浅，情节也过分简单，吸引力自然不强，只能算是社会推理小说的雏形。因此，在程小青的探案中还缺乏惊险情节和鞭挞寓意较为完满地结合的力作。题材也略嫌狭隘，凶杀案的比例太大。往往过多追求情节的惊险性而放松了探讨社会问题的深刻性，揭露的力量自然会受到一定影响。

在构思情节时，程小青的有些探案过分追求偶然性和巧合性，减损了作品的可信程度。例如《舞后的归宿》，舞后王丽兰被李芝范用刀刺死，而赵伯雄又从短墙外向已死的王丽兰打了一枪，枪弹又碰巧打在刀刺的创口里，于是一件"双重谋杀案"却只有一个"合二而一"的致命伤口，岂非玄乎离奇得不可思议。在《霍桑探案》中，这种构思并不是绝无仅有的。

《霍桑探案》的语言也具有时代性、地方性以及个人的习惯性。

四

郑逸梅在《人寿室忆往录——侦探小说家程小青》中，称程小青为"侦探小说的译著权威"，"他毕生精力，尽瘁于此，也就成为侦探小说的巨擘"。[21] 我们认为，程小青对侦探小说的贡献不仅要看到他的翻译和创作上的成果，而且要看到他在侦探理论上也有一定的造诣。这方面过去很少为人注意。其实他不仅刻意经营侦探小说的创作，而且还广泛地涉猎了侦探学。在 1924 年，他作为函授生，受业于美国大学函授科，进修"罪犯心理学"和"侦探学"。从《霍桑探案》中也可看到他的好学的性格。随便举几个例子：他曾提及刑事心理学权威 H. 葛洛斯（H. Gross）的理论；曾简介法国罪犯学家拉卡萨尼（Lacassagne）的学说；还讲到日本胜水淳行的罪犯社会学……可以说，他通过认真的学习，对侦探理论有了一定的修养。如果要介绍程小青在侦探理论上的建树，可用十二个字做基本概括——"叙历史，谈技法，争位置，说功利"。程小青对国外的侦探小说的历史和侦探小说介绍到中国来的进程，以及中国侦探小说的草创期和发展期，是了如指掌的。通过翻译和创作，他对侦探小说的技法，都能说到点子上去。如他比较了侦探小说的"他叙体"和"自叙体"的不同表达法，特别说明他自己喜用"自叙体"的原因；他也谈侦探小说的命名与取材，怎样设计侦探小说的开端和结尾；直至如何从生活触发中爆发灵感，构思侦探小说；等等。在叙述论证这种经验时，他还参照了美国韦尔斯的专著《侦探小说技艺论》和美国哥伦比亚大学心理学讲师聂克逊博士的专著《著作人应知的心理学》。他的视野也是广阔的。

值得略加述评的是程小青为侦探小说在文学领域中争一席之地的言论和他的侦探小说功利观。程小青指出，侦探小说在欧美虽有近百年之历史，"而其在文学上之地位众议纷纭，出主而入奴，迄无定衡"。不少人还"屏侦探小说于文学疆域之外，甚者目侦探小说为'左道旁门'而非小说之正轨"。[22]他认为在欧美尚且如此，在国内更无侦探小说的地位，尽管它有广大的读者。于是程小青从想象、情感和技巧三方面论证侦探小说的文学素质。他认为任何文学体裁都需要想象，而侦探小说这一门类却更少不了想象这个元素；他对有些人说侦探小说不能"诉诸情感"是愤愤不平的，他指出侦探小说能令读者的感情进入惊涛骇浪的境界："忽而喘息，忽而骇呼，忽而怒眦欲裂，忽而鼓掌称快……。"[23] 在技巧上，程小青指出："侦探小说除写惊险疑怖等等境界以外，而布局之技巧，组织之严密，尤须别具匠心，非其他小说所能比拟。"[24] 程小青是在国内较早地为侦探小说争文学地位的"先驱"之一。他提出这个问题，并进行"力争"，是很有意义的。他的结论是："侦探小说在文艺园地中的领域可说是别辟畦町的。"[25] 至于说到侦探小说的功利观，程小青也发表了不少好的见解。他的一个重要的观点是："我承认侦探小说是一种化装的通俗科学教科书，除了文艺的欣赏以外，还具有唤醒好奇和启发理智的作用。在我们这样根深蒂固的迷信和颓废的社会里，的确用得着侦探小说来做一种摧陷廓清的对症药啊。"[26] 我们认为"化装的通俗科学教科书"的提法，容易引起误解，似乎它的主干是"科学教科书"，现在仅让它披上文学的外衣，进行一番乔装打扮而已。以这种思想为指导，会削弱侦探小说的"文学素质"，也易于步入公式概念化的陷阱。但程小青提出的"通俗化"问题和侦探小说的"启智"作用，不失为一种真知灼见。我们过去虽知侦探小说有广大的读者，却并不重视它的存在，也不给它一定的文学地位，不去研究通过健康的"通俗"文学读物，对广大读者进行思想教育和文艺熏陶。至于"启智"作用，程小青的论述就更充分了。在三十年代，他写过一篇《从"视而不见"说到侦探小说》，中肯地指出侦探小说能培养"精密的观察力"。他说："我们天天张着眼睛，而实际所'见'的却实在很少很少！所以'视而不见'，除了有特殊训练的以外，委实是一般人的通病。……

我敢大胆地介绍一种疗治"弱视'病的膏方，那就是侦探小说。"[27]程小青认为，凡喜读善读侦探小说的人，本身也差不多做了书中的侦探，对于书中所写的环境、所举的事实，也会像书中的主角一般，一丝一毫地都不放过。他们往往能从有意无意的事物、行动、言语上，推测案情的结局。他们在小说上的这种精密的观察和注意，一旦移用到实际生活中去，就可疗治"视而不见"的通病。在五十年代，程小青又撰文阐释侦探小说能向读者传授"鉴貌辨色、聆音察理"的方法："纯正的侦探小说总是在故事情节中包含着耐人寻味的有力的暗示——什么？为什么？怎么样？凭这些暗示，它吸引、启发和推动着读者的思维活动。由于天赋的求知欲的被激发，读者常常会给这些暗示所吸引住，进而欲罢不能地循着作品所指引的正确的思维轨道，步步进展，步步深入，最后终于以揭穿谜底、解决疑问而称快，同时也能在分析推理的思考上得到一次训练。"[28]程小青对侦探小说的功利观，往往侧重于"启智"方面，而在"移情"上的阐释是做得不够的。

最后我们还不得不涉及一个非涉及不可的问题，就是程小青与新文学界的关系问题。为了争侦探小说在文学领域中的地位，程小青总觉得新文学界对这种文学品种未予以重视，甚至是侧目而视，因此，他是颇有一点情绪的。在他的文章中时时流露一种含蓄的怨言，但他决不攻击新文学界，最多只表白了一种十分遗憾的心情。这里借用《霍桑探案袖珍丛刊·姚序》中的一席言论，是很可以代表程小青的观点的："说起侦探小说在我们的'壁垒森严'的新文坛上仿佛是毫无位置的。一般新文学家既不注意它们的教育作用，亦无视它们的广泛的力量，往往一笔抹煞，以为这只是'不登大雅之堂'的玩意儿；于是'宗匠'们既不屑一顾，而新进者们亦无不菲薄着它们的存在。"[29]这里的"新文学界"实际上是左翼革命文坛的别称。当时，左翼革命文学家的不重视侦探小说，是毋庸讳言的。因为在反动统治者的压迫下，左翼革命文坛所从事的是揭露旧社会阶级压迫和奴役剥削的文艺，是塑造解放者的英雄形象的文艺，认为这才是为建设新中国造革命舆论的文艺，为新政权的呱呱坠地催生的文艺。而侦探小说，在有些人看来，仅不过是"治安文艺"而已，作为旧社会的叛逆者的革命文艺家还无暇顾及。在今天看来，这种情绪是完全可以理解的。侦探小说所要启的"智"，在那时显然还不是当务之急，也不可能提到左翼革命文艺的日程表上来。所以在当时新文学界对侦探小说家未加研究和予以重视是可以想象的。但是当无产阶级夺取了政权之后，为了保卫自己的政权，就要警惕外国间谍和敌特的颠覆和破坏活动，还要与刑事犯罪分子进行尖锐的斗争，所以在五十年代的肃反运动时期，从大量翻译苏联的惊险反特小说开始，出现了不少以公安人员破案为题材的惊险小说、肃反小说。在1957年，程小青又重新创作惊险通俗小说，当年5月21日，程小青在《文汇报》上发表了《从侦探小说说起》。但从反右派斗争开始，这种题材又重新落寞，因此，程小青的重印重译"旧的纯正的侦探小说"的建议也不可能得到采纳。这种落寞期一直延续到"四人帮"被粉碎，才有了转机。在"双百"方针的认真贯彻后的文艺春天中，惊险小说、侦探小说、武警小说、法制小说在文艺领域中是可以有，也应该有一席之地的。只有到这一时期，我们也会觉得作者的"旧的纯正的侦探小说"的《霍桑探案》，对我们还有一定的借鉴作用，对这种启智的通俗文学，我们也从"历史的隔阂"进而达到"历史的理解"。在建设社会主义的通俗文艺的过程中，程小青所毕生从事的工作是可以有一定的参考价值的。这就是我们要重印程小青先生旧作的动机。

当文夫同志嘱我写《论程小青的〈霍桑探案〉》时，我认真翻阅了若干资料，我无意于写成"广告文学"，而是想写成一篇"学术论文"，其原因也就是表示对程小青先生为侦探小说争文学地位的心情的理解，承认他是纯正的通俗文学领域中的一位有成就的侦探小说家。

一九八五年四月　于苏州大学

（载于《程小青文集（一）——霍桑探案选》，

中国文联出版公司，1986 年）

注释：

1. 程小青：《霍桑探案袖珍丛刊之七·舞后的归宿》，又名《雨夜枪声》。

2. 程小青：《从侦探小说说起》，《文汇报》1957 年 5 月 21 日。

3. 现在有的书中译为艾德加·爱伦·坡的杜平探案《莫格街血案》。

4. 范烟桥：《民国旧派小说史略》，见魏绍昌编《鸳鸯蝴蝶派研究资料》，上海文艺出版社 1962 年 10 月第 1 版。

5. 姚苏凤：《霍桑探案袖珍丛刊·姚序》。

6. 程小青:《侦探小说的多方面》,见芮和师、范伯群等编《鸳鸯蝴蝶派文学资料》(上),福建人民出版社 1984 年 8 月第 1 版。

7. 程小青:《霍桑探案袖珍丛刊之十九·江南燕》。

8. 程小青:《霍桑探案袖珍丛刊之十八·窗》。

9. 程小青:《霍桑探案袖珍丛刊之三十·黑地牢》。

10. 程小青:《霍桑探案袖珍丛刊之十八·窗》。

11. 程小青:《霍桑探案袖珍丛刊之八·白衣怪》。

12. 程小青:《霍桑探案袖珍丛刊之八·白衣怪》。

13. 程小青:《霍桑探案袖珍丛刊之十五·白纱巾》。

14. 程小青:《霍桑探案袖珍丛刊之二十九·请君入瓮》。

15. 程小青:《霍桑探案袖珍丛刊之十五·白纱巾》。

16. 程小青:《霍桑探案袖珍丛刊之二十三·双殉》。

17. 程小青:《霍桑探案袖珍丛刊之二十九·血手印》。

18. 程小青:《霍桑探案袖珍丛刊之八·白衣怪》。

19. 程小青:《霍桑探案袖珍丛刊之二十二·怪电话》。

20. 程小青:《从侦探小说说起》,《文汇报》1957 年 5 月 21 日。

21. 郑逸梅:《人寿室忆往录——侦探小说家程小青》,见《大成》第一三三期。

22. 程小青:《侦探小说在文学上之位置》,见《紫罗兰》三卷二十四期。

23. 程小青:《谈侦探小说(上)》,见芮和师、范伯群等编《鸳鸯蝴蝶派文学资料》(上)。

24. 程小青:《侦探小说在文学上之位置》,见《紫罗兰》三卷二十四期。

25. 程小青:《霍桑探案袖珍丛刊·著者自序》。

26. 程小青:《侦探小说的多方面》,见芮和师、范伯群等编《鸳鸯蝴蝶派文学资料》(上),福建人民出版社 1984 年 8 月第 1 版。

27. 程小青:《从“视而不见”说到侦探小说》,见《珊瑚》1933 年元旦。

28. 程小青:《从侦探小说说起》,《文汇报》1957 年 5 月 21 日。

29. 姚苏凤:《霍桑探案袖珍丛刊·姚序》。

程小青和《霍桑探案》

程育德

———————

我父亲创作的《霍桑探案》，现在又风靡一时了。

说起他的创作，还要从他翻译福尔摩斯开始。十九世纪末叶，我国有位李维格先生就把柯南道尔的英文原作翻译成文言文介绍到我国来。1910年代，我父亲应中华书局之约，跟刘复、严独鹤、周瘦鹃等作家合作译述"福尔摩斯探案"作品。此后，我父亲又应世界书局之约，主持将当时流传的全部"福尔摩斯探案"作品共六十篇，包括长篇四篇，全部译成白话文，以《福尔摩斯探案大全集》的名称在1934年出版。这样，福尔摩斯大名就在中国广泛流传，而我父亲因此亦从中受到了启发，产生了兴趣而尝试走自己创作的路。他几十年的写作生涯，塑造出一位"东方福尔摩斯"，他自己就被海内外读者称作"中国侦探小说的鼻祖"。有些读者认为《霍桑探案》跟"福尔摩斯探案"系列差不多，侦探小说就是这么一回事。的确，《霍桑探案》和大多数外国侦探小说的格式颇为相似。它受到过"福尔摩斯探案"系列的影响，也受到其他著名外国侦探小说的影响。文艺评论家范伯群教授在《论程小青的〈霍桑探案〉》一文中写道:"侦探小说虽有较为固定的模式,但读来却并不觉得单调化、划一化、公式化,就像万花筒中随着彩色玻璃珠的滚动,幻出各个不同的图案一样。程小青的《霍桑探案》也总是多线索、多嫌疑犯的错综矛盾的结构。总是在嫌疑与排除、矛盾与解脱、偶然与必然、肯定与否定、可能与不能、正常与反常的对立之中开展和深化情节,几经曲折反复,最后落实到似乎最不可能、最意外的焦点上,令读者瞠目结舌。此时作者却为此而做出无懈可击的逻辑推理,使读者口服心服。"

《霍桑探案》是中国人写的侦探小说,自有不少与众不同的特点。任何一篇文学作品,都会反映作者写作的思想意识。

《霍桑探案》岭南美术出版社 1989 年版

这跟作者的出身、写作的时代背景、社会经历是息息相关的。"福尔摩斯探案"系列的作者柯南道尔 1859 年生在苏格兰的望族之家。他是位外科医生，得到医学硕士学位，在 1902 年他本人又得到英国皇家的爵位。他的写作始于十九世纪下半叶，还是英帝国的强盛时期。在他的作品里可以找到和这些情况有关的蛛丝马迹。我父亲自幼清贫，没有上过正规学校。他的成长时期，正值列强侵华、军阀割据。生活在这样恶劣的环境里，他不仅没有屈从，也不为贫困的生活所压倒，而是孜孜不倦地刻苦自学，如饥似渴地阅读古今中外文艺作品。从 1909 年开始创作短篇小说《鬼妒》起，他苦心孤诣地致力于侦探小说的译作、创作和理论研究，终于使一部具有中国特色的《霍桑探案》系列侦探小说被国内众多的读者和东南亚的读者所接受。直至 1991 年的春夏之交，美国哥伦比亚大学举行一次文学讨论会，会上还有美国汉学家金介甫教授发表有关他研究我父亲写作侦探小说的论文。他在 1990 年曾专程访问我家。

为什么说《霍桑探案》是具有中国特色的侦探小说？这可以从多方面去研讨。其一，我父亲写霍桑，不像一般侦探小说那样只写历险式的破案故事，而还涉及社会问题，或多或少地反映小市民的苦难生活。他借霍桑或包朗的口批判旧社会的黑暗，用霍桑的生活起居表达他的爱国热忱和正义感。例如我父亲写的一篇短篇《请君入瓮》，其中有包朗的一段自我思索："我又想起近来上海的社会真是愈变愈坏。侵略者的魔手抓住了我们的心脏。一般虎伥们依赖着外力，利用了巧取豪夺的手法，榨得了大众的汗血，便恣意挥霍，狂赌滥舞，奢靡荒淫，造成了一种糜烂的环境，把无量的人都送进了破产堕落之窟。"又如在《狐裘女》的开头一页，就有一段包朗谈霍桑对当时的教育制度表示极度不满："他以为我国的教育制度，根本的错误就在东抄西袭的什么化什么化，更坏在取糟粕而弃精华的表面上的什么化，结果就使青年们倾向于漠视国情的种种享乐，奢靡和放浪。"二十世纪的前半世纪里，在霍桑的侦探工作最忙碌的那个阶段，国运垂危，洋货倾销，奸商们大发国难财。《霍桑探案》里有好几篇都有揭露奸商们丑恶行径的描述。对于霍桑这样一个人物，我父亲十分注意宣扬他的爱国行动，连霍桑的衣着、生活也要突出其爱国的一面。看《霍桑探案》不难发现，霍桑吸的纸烟是南洋兄弟烟草公司生产的白金龙牌纸烟，用的牙刷是梁新记双十牌牙刷，牙刷杯是江西景德镇的产品，穿西服的面料是章华毛纺厂出品的羝羊牌毛料，甚至连他寓所会客室里的地席也注明是温州产。这样不厌其烦地描述霍桑，无非是我父亲一片爱国之心在其作品中的反映。写到这里我回忆起一件事：在 1935 年前后，我的朋友看了当时出版的《霍桑探案》后，跑来问我："你父亲在小说里总是提到吸白金龙牌香烟，那南洋兄弟烟草公司给了程先生多少钱的广告费？"我说："一个铜钿都没有，要提倡爱用国货，难道还要收广告费？"那么当时有没有商店、厂家送产品来，希望我父亲能够在小说中替他们宣传宣传？有这种情况。我记得曾有人送来一小木箱牙膏和雪花膏之类的日用化学品，名义上是说新产品，试用试用，实质上请求帮忙宣传。可是我父亲在小说中从来没有提到过这种牌号的商品。爱国出于自愿，也说明我父亲耿直的性格。

许多读者认为《霍桑探案》跟国外侦探小说相比较，有结构紧凑、布局严谨的特点。现在所剩的七十三篇，短篇的不用说，中、长篇也都如此。这样的安排能抓住读者求智好奇的心理，使他们一卷在握，爱不释手，恨不能一口气看完，非到"山穷水复疑无路，柳暗花明又一村"不肯罢休。

侦探小说就是着重描写侦破的小说，因此作者对一篇小说的整体结构和对事物的描写，必然要把案子的发生和案情的开展侦破放在首要位置，否则会使读者感到结构松散。同时应恰如其分地在文学艺术上加工。我父亲认为文学最重要的条件，不外乎想象、情感和结构的技巧三点。虽然，以此衡量侦探小说，只有情感这方面难以加上"深雕心版"、"回肠荡气"的考语，比较其他偏重情感的小说要差一些，但写惊骇的境界，怀疑的情势，和恐怖愤怒的心理，却足以左右读者的情绪。话如此讲，在我父亲的小说中还是可以找到有关情感这方面的描述。例如《江南燕》是他早期用文言文写的一则短篇。在初春的一个傍晚，包朗和霍桑登苏州葑门城墙散步，有一小段描写在暮色苍茫中远眺古老城垣内外的风光。只有短短两百多字，就把姑苏城外一角的自然景色写得淋漓尽致，流露出我父亲对家乡的深厚感情。

霍桑和福尔摩斯都是侦探小说中的主人翁，都是大智大谋的英雄人物。可是我父亲不把霍桑描写成永不失败的"万能之神"，而是一个有智慧懂科学的在实际生活中能够被找到的人。这也是和西方的那位超人的侦探有所不同的地方。人总是难免有错误，否则何来"智者千虑，必有一失"这句名言？我父亲在《从侦探小说说起》一文中说道："它（指侦探小说）在培养不怕困难的斗争精神、刺激求知欲、唤起理智、启发思维，以及运用科学原理和方法来分析和处理具体事物各方面，对于读者，特别是求知欲较强烈的青年读者，有着潜移默化的积极作用。"

霍桑一贯反对无视细弱平民基本权利的侦讯方法，而代之以科学的侦查。然而要把这些东西写进小说里去并不是一桩简单轻松的事。这需要作者有一定的专业写作功底。我父亲为写好《霍桑探案》而下功夫钻研古今中外有关侦探学术的论著，从《洗冤录》《犯罪心理学》《罪犯学》《法医学》到《侦探学》，他都广为涉猎。

我父亲一生翻译了不少于三百万字的外国著名侦探小说，因此他不仅对侦探小说的各种风格了如指掌，连谈侦探小说的记叙体裁也如数家珍。一位侦探小说家除了翻译和创作大量作品，还对侦探学术和侦探小说的理论有一定的见解，这不能不说是中国侦探小说家的特色。

我父亲是在 1976 年去世的，今年离他的诞生有近一百年了，他的作品和为人给读者们的影响是深远的。

（节选自《苏州杂志》1992 年第 4 期）

我的父亲与"霍桑"

程育德

"霍桑"是我父亲程小青创作的《霍桑探案》中的主角。在读者的心目中，作者和他笔下主人公的名字早已浑然一体。

我父亲以他的毕生精力倾注于创作中国侦探小说。数十年间不包括翻译作品如"福尔摩斯探案"系列等，其中创作的《霍桑探案》就有长、中、短篇七十多篇，达三百多万字，形成了共计十三册的大型系列侦探小说。1986年《霍桑探案》重印出版。中国侦探小说《霍桑探案》早已在我国及东南亚一带风靡一时了。

《霍桑探案》的主要创作年限大约是在二十世纪的二十年代到四十年代。每一位作家的成长都和他所处的时代背景、生活和学习条件是休戚相关的。我父亲学徒出身，没有上过正规学校，最终成为侦探小说作家，他确实经过了含辛茹苦、惨淡经营的艰难历程。

程小青生长、成名于苏沪。从他出生那天起就饱受旧社会城市平民所无法避免的痛苦。十里洋场是冒险家的乐园，帝国主义者淘金的福地。我父亲耳闻目睹了旧社会弱肉强食、尔虞我诈，警察当局的专横愚昧、趋炎附势、贪赃枉法、草菅人命的种种令人无法接受的生活事例。于是，他怀着强烈的正义感写出一篇篇《霍桑探案》，塑造出一个对受害大众满腔热忱，对罪犯恶势力怀着憎恨，有惊人的智慧和观察力的破案能手、私家侦探霍桑。我父亲的早期作品很多是描写侦破昔日上海滩绑匪盗贼杀人越货的案件。到三十年代，日本发动侵华战争，《霍桑探案》又侧重写奸商里外勾结引发的不少犯罪案件。在三十年代末四十年代初，我父亲身处上海租界一角，目睹一些青年不顾国之将亡而纸醉金迷，浸涵在舞场之中寻欢作乐而塑弄出"多角恋爱"的凶杀案件。尽管案件总是那么迷离扑朔，最后还是被大侦探霍桑以其机智果断、坚强的毅力而侦破，突出了霍桑不屈不挠、无私无畏地跟犯罪作斗争的勇气和胆略。

　　侦探小说作者光有文艺写作水平是不够的，他还应该有敏捷的观察分析能力。要到生活中去找写作题材。正在主持国家社会科学重点项目《中国近现代通俗文学史》的著名评论家范伯群教授说："程小青是中国现代侦探小说创作的宗匠，他使现代法律背景下的警匪对峙的侦探小说'中国化'。"范教授认为我父亲的文学成就集中在四个方面：一是创作态度严谨，二是成功地塑造了大侦探霍桑的艺术形象，三是有不凡的艺术技巧，四是对侦探小说的理论有重要贡献，为现今法制文学奠定了基础。

　　如果我父亲今天还健在的话，我相信凭他过去为写侦探小说而刻苦钻研、学习新事物的拼劲，今天他还会有所作为的。当然这话是"马后炮"。长江后浪推前浪，现代的侦探小说专业作家必然会把法制文学推向一个新的境界。

（节选自《羊城晚报》1993 年 3 月 27 日）

大侦探的遗产

——聊聊程小青对国内推理创作的影响

时 晨

程小青先生的大名，或许现在许多年轻的推理迷并不十分熟悉，究其原因，我认为是其作品在市面上极为少见，只能通过某些网络平台才能寻觅得到。书店网店都难见其书，那知道的人自然少了。可如果将时光倒回几十年前，程小青可是国内如雷贯耳的侦探小说大家，他笔下的大侦探霍桑，被当时的读者誉为"东方福尔摩斯"，可见其作品受欢迎的程度。

对推理小说不太熟悉的读者可能不知道，在民国时期，创作推理小说的作者也有很多，比如创作"侠盗鲁平奇案"的孙了红、创作"李飞探案"的陆澹安等数十位文人，他们都在中国推理文学史上留下了名字。可其中公认程小青的侦探小说成就最高，他的"霍桑探案"在当时的销量和质量，也是其他许多侦探小说较难比拟的。所以，在二十一世纪初，有人将程小青先生称为"中国侦探小说之父"，我认为是名副其实的。

前两年我在上海市黄浦区南昌路开了一家专卖侦探推理小说的书店，在装修时，我准备弄一面照片墙，想在上面挂上对推理小说作出过巨大贡献的作家们的照片。爱伦·坡、柯南道尔、克里斯蒂等大家自然在列，而国内的侦探作家，我认为有资格上墙的首先是程小青。

作为一名推理作家，程小青先生的经历和作品一直以来都激励着我，于是我便想借这篇文章，谈一谈程小青先生的作品与其对后世推理创作的影响。我想，这对于中国推理小说的发展，是很有裨益的。先驱者为我们开路，我们要做的，就是延续他开创的那条路，继续走下去。

"中国侦探小说之父"何许人也？

最初知道程小青，并不是在书店，而是在一个叫"推理之门"的网站上。这个推理论坛是最初的推理迷聚集地，经常会有网友发布各种原创推理小说和推理评论等文章，其中我最爱看的就是类似"推理史"的文章，其中有一篇就是专门介绍解放前的侦探小说的。在这篇文章里，我第一次读到了程小青的名字和他的"霍桑探案"。我不知道原来中国在这么早就有人在写侦探小说（甚至早于"日本侦探小说之父"江户川乱步），而且还取得了这样耀眼的成就。于是我立刻就在网上开始搜索程小青的作品，可惜并不全。

在二十一世纪初，大家购书的渠道还是比较传统的，就是去书店买。我记得第一次在书店遇见程小青的书，这家书店并不是像新华书店这样的连锁书店，而是一家私人小书店。如果我没记错的话，那是 1997 年群众出版社出的一套《霍桑探案集》，全六册，分别是《舞后的归宿》《活尸》《轮下血》《白衣怪》《血匕首》和《狐裘女》，单册定价大约是二十元。我当时还是个初中生，零用钱有限，无法一口气买下全套，于是就打算半个月买一本。很可惜，这套书我并没有收全，买到第二册的时候再去书店，发现剩下的几本都被人买走了，当时无比沮丧的心情，我至今仍有印象。

往后的日子里，我阅读了许多程小青先生创作的侦探小说，越读越觉得佩服，被他小说里曲折惊险的情节、意想不到的结局深深震撼。要知道，侦探小说是不停发展的，新的诡计被后人不断创造出来，到了二十一世纪甚至出现了叙述性诡计这种完全打破常规的欺骗技巧，所以我们在阅读一本侦探小说时，切切不可忽略时代的因素。然而必须承认的是，程小青所创作出的侦探小说，在他那个时代几乎是超前的，是比与他同时代的侦探小说创作者高出一个层次的存在。这也是"霍桑探案"能风靡全国的原因。

可是，与其作品优秀程度相悖的是，新时代的推理迷们竟有许多人连程小青是谁都不知道，遑论阅读他的作品了。这让我感到非常遗憾，还有点愤愤不平。于是在 2015 年 10 月 25 日，我应华东师范大学的邀请举办一场讲座，就把主题定为"中国推理 100 年"。讲座上，我对大家说，在座不少同学可以将日本推理小说的先驱江户川乱步、甲贺三郎、木木高太郎等推理作家的名字倒背如流，却可能不知我们国家也有程小青、孙了红、赵苕狂等优秀的侦探小说家。2016年，我为亮亮的《季警官的无厘头推理事件簿》第三部撰写导读时，提到了民国时期的侦探小说，并引起了当时编辑华斯比的注意，由此华斯比先生便对民国推理产生了浓厚的兴趣，开启了"民国推理拾遗"的工作，并整理了大量民国侦探小说作品，现在想来，也算是功德一件了。

程小青对"本土化"创作的探索

现在我们都已经知道了，国内侦探小说创作的历史并非一片空白，在民国已有大量侦探小说家进行创作，但由于对过去作品的忽视以及研究上的缺失，侦探小说的创作传统几乎中断，自二十一世纪初又从头开始。

2000年"推理之门"网站创立，是国内最早的综合性侦探推理网站，推理迷由此开始聚集，并有一部分网友开始尝试创作。但与日本的发展不同，由于侦探小说创作传统的断裂，这些新人作者几乎是要从头开始，于是模仿欧美侦探有之，模仿日系推理有之，甚至有些作者到了不用日本人作为角色，就无法创作的地步。这种事初看简直匪夷所思，但细究之下，也有原因——对于看似一片"空白"的中国侦探小说史，不模仿，怎么下笔呢？

然而，任何国家的类型文学要发展，都必须实现"本土化"，否则永远摆脱不了桎梏，永远会活在别国的阴影下。所谓"本土化",简而言之,即让整个犯罪故事在国内环境中合理发生,而不会让读者产生"异国"的感觉。而目前国内推理小说创作所面临的"本土化"问题,在程小青先生那个年代也早已被拿来讨论过。

作家萧乾认为侦探小说在中国"水土不服",并于1946年发表了一篇名为《侦探小说在华不走运论》的文章。他认为"侦探小说是只有在英美那样国家才会风行得家喻户晓",原因是当时中国法治意识的淡薄,没有培育侦探小说的土壤。而针对这一看法,同时期的作家火页并不这么认为,写了一篇《侦探小说走运论》加以反击,说"从'洋货'福尔摩斯探案到'国粹''包公奇案',从民国初年的'沪上奇案'再版本到战后新出版的什么'原子探案',五颜六色的封面,琳琅满目,真有令人'观止'之感。据老板告我,这些探案都是目前的'最畅销书'"。然而萧乾并不买账,表示承认"侦探小说的风行",但认为在当时司法不算谨严的中国写侦探小说,则"必失之于不自然"。

对此争论,程小青先生自然按捺不住,也摇笔写下一篇《侦探小说真会走运吗》加入了论战。程小青认为司法情况不同固然是一方面的问题,但"侦探小说的基点建筑在人类的好奇心或求知欲上","解释疑问的要求是人类天赋的本能",并引用美国作家J.伯格·埃森魏因的话"全世界的人都爱好神秘"来证明侦探小说也能在中国"走运"。

为了让侦探小说在中国更"自然",程小青先生在创作中也做出了尝试。从人物上来说,霍桑相比于我行我素的福尔摩斯,思想上较为"中庸",这是受中国儒家传统熏陶的结果;

其生活起居，多在苏州和上海，读来亦十分具有沉浸感。在文本上，霍桑的故事在很多方面借鉴了中国传统宋元话本小说的"入话"式开场方式，更贴近中国读者的阅读习惯。在立意方面，《霍桑探案》秉承了中国文学作品要"文以载道"的抱负，有教育意义。可以说，程小青先生是中国侦探小说"本土化"的先行者，于我们后辈创作者来说，十分有借鉴与学习的意义。或许当我们发出中国侦探小说如何实现"本土化"的疑问时，可以回头去程小青先生的作品中找找答案。

程小青留给了我们什么？

中国推理小说的出路在何处？这是个老生常谈的问题。毕竟相比于我们的邻国日本，我们的推理小说发展还是太过于缓慢，甚至停滞。同样是拥有"侦探小说之父"的称号，程小青从1916年起在《新闻报》发表的《灯光人影》，还比江户川乱步1923年在《新青年》发表的处女作《二钱铜币》早了七年，但现在两国推理小说发展何以差距会较大？如果说是因为传承的中断，那么现在已是二十一世纪二十年代，原创推理小说在国内还是较为受冷落？甚至可能有不少读者都不知中国有人写侦探推理小说。

我个人认为有两方面原因——专业推理小说奖项和专业推理评论较缺乏。

先来谈第一个原因。在日本，推理小说奖项非常多，其中最令人瞩目的就是江户川乱步奖和日本推理作家协会奖。

当然，我们国内也有不少奖项，但多是出版社自己颁给旗下作者的奖，且公信力还不太充足。凡推理小说发达的国家，皆有妇孺皆知的推理小说大奖，美国有爱伦·坡奖、英国有金匕首奖，影响力都很大。我建议应该持续致力于打造国内更加重量级、更具影响力的推理小说奖。要知道，即便是程小青先生，也是在当年《新闻报》副刊举办的征文大赛中脱颖而出，从而踏上作家之路的。可见奖项对整个推理小说事业的发展是多么重要！

第二个原因在专业推理小说评论方面。熟悉程小青先生的读者都知道，除了《霍桑探案》的故事，程小青先生还会撰写一些关于侦探小说的评论和散文，比如在 1923 年《侦探世界》第一期和第三期发表的《侦探小说作法的管见》中，谈论了如何创作侦探小说，并分享了一些写作方面的技巧；在 1929 年《紫罗兰》杂志第三卷中发表的《侦探小说在文学上之位置》，和读者探讨了侦探小说的文学价值。如此之类的文章在其作家生涯中可谓俯拾皆是，充分证明了程小青先生不仅在侦探小说的创作上是先锋，在撰写侦探小说评论方面，也是先驱者。专业的推理评论文章有导读的作用，可以让读者更加明白"何为侦探小说？"，"如何欣赏侦探小说？"，进一步推广国产侦探推理小说。

太阳底下无新事，很多我们以为遇到的问题，很早之前就有人遇到过，我们以为无法解决的问题，很早之前就有人尝试去解决，甚至卓有成效。对于我们来说，程小青先生的作品和经历是一座"宝藏"，身为后继者的我们，应该考虑如何去开发、挖掘其作品的价值，从而更好地为发展中国侦探推理小说而努力。与其求道于他国推理小说的发展经验，不如回头看看我们自己曾走过的路。尤其是我们曾经有过这样一位伟大的侦探小说家，他曾在黑暗之中提灯踽踽独行。我们应当沿着他的脚步继续前行，才能走出具有中华民族特色的侦探小说之路，使得中国的侦探小说在世界文学之林中大放异彩。

我想，这也是程小青先生乐于看到的。

第三章

画墨书语

程小青书画艺术及交游摭谈

朱骏益

　　程小青一生以其创作被推为中国现代侦探小说第一人，有"东方柯南道尔"之誉。尤以《霍桑探案》系列，因在借鉴西方侦探小说技法基础上结合中国现实，而达到较高水平，主人公霍桑亦被誉作"东方福尔摩斯"。小说之余，程小青于诗词、书画亦多著意，惜为文名所掩。有诗词集《茧庐诗词遗稿》（女育真刊于美国）行世，辑其 1962—1976 年间自作诗词 44 首（组）；其书追恽南田、孙虔礼韵旨，呈清隽蕴藉之风；又"嗜国画成癖，从陈迦盦先生游，花卉瓜果，居然有廉夫遗意"[1]。

　　本文试从程小青"艺事活动小考"、"书画艺术摭谈"等角度加以阐发，以期从"艺林回眸"的视野出发，通过对程氏艺术活动与交友的梳理、钩沉来审视二十世纪吴门艺坛的文化生态与历史情状。

一、艺事活动小考

1. 社团、交游

中华人民共和国成立前

1922 年 7 月，由徐卓呆、胡寄尘、张舍我、张枕绿、严芙孙发起组织的青社成立于上海半淞园。程小青与包天笑、周瘦鹃、何海鸣、许廑父、胡寄尘、江红蕉、徐卓呆、张舍我、张碧梧、张枕绿、范烟桥、王西神、严独鹤、王钝根、朱瘦菊、赵苕狂、程瞻庐、沈禹钟、严芙孙、毕倚虹、李涵秋等同为社友。曾出版《长青》周刊，由包天笑、胡寄尘为主任编辑，共出版 5 期。

1922 年 8 月，由范君博、范烟桥、范菊高、顾明道、赵眠云、郑逸梅、姚苏凤、屠守拙、孙纪于等 9 人发起组织的星社成立于苏州留园拥翠山庄。1932 年在苏州鹤园举行星社成立十周年纪念聚会，程小青等社员共 36 人，应梁山泊三十六天罡之数。后范烟桥赴沪，扩展了沪上 69 位社员，社员发展至 105 人之众，且维持社团活动十五年之久，成为影响沪苏文艺界的重要团体力量。社员最初以小说作者为多，后书画、金石、电影、戏剧一切从事文艺工作的都有参加。星社雅集游踪遍于沧浪亭、狮子林、拙政园、惠荫园、曲园、鹤园、怡园、环秀山庄诸胜，啸傲林泉之余，以文论、诗赋、书画、金石、园艺等声气相通。陆续出版《星》周刊、《星报》《星光》《星宿海》《罗星集》等。[2]

在以上以鸳蝴派文人为主的结社活动中，社员不乏赵眠云、严独鹤、沈禹钟、张善孖、陈迦盦、颜文樑、谢闲鸥、陆抑非、徐沄秋、钱瘦铁、江小鹣、陈巨来、柳君然等著以书画、金石之名者。有着传统文化背景的江浙文人星聚于海上，远离了传统血脉和地缘纽带的士子自然而然地依托诗词酬唱、金石书画重建文化交际网络。社中的报社同人又凭借日益蓬勃发达的报刊业，十分便利地将私谊往还转变为公众平台的声气相求，进而实现其个人笔墨与社会价值。程氏与诸社友之间的交游远绍传统文人雅集流绪，完成了在新旧时代鼎革过程中的身份认同，也构成其艺事活动的主要范畴。

中华人民共和国成立后

1956 年 7 月，由江苏师范学院历史系教授柴德赓介绍，加入中国民主促进会，后被选为民进江苏省委委员、民进苏州市委常务委员。[3]

1957 年 3 月 4 日，为纪念白居易诞辰 1186 周年，应苏州老诗人杨孟龙之招，在拙政园宴集联诗。[4]

1958 年 10 月 24 日，加入中国作家协会江苏分会。[5]

1959 年起，苏州筹建书法、篆刻家研究、创作、交流的业余组织。1960 年 3 月，首批书法金石爱好同人 27 人组成苏州市书法印章研究组，地址设在怡园牡丹厅，与当时的苏州国画馆在一起。程小青为组员。推选蒋吟秋为组长，主持日常工作。王言、张寒月、蔡谨士为副组长。下设书法、印章两个中心小组。书法组由范烟桥、张星阶（辛稼）、祝嘉、费新我负责。程小青与汪星伯、林伯希、卫楚材、谭尧、陈墨移、费璞安、张寒月、钱太初、严庄、姚抚屏、蔡谨士、王能父、钱荣初、矫毅、崔护、韩树青等同为组员。1959 年 10 月 1 日，程小青应邀在天安门参加了国庆十周年大典观礼。[6]

1962 年，参加江苏省政协第二届委员会第二次会议。与林散之、陈方恪等缔交。会议期间，偕游秦淮河、雨花台、白鹭洲、玄武湖、中山陵诸名胜，诗友唱酬。[7]6 月，与老友周瘦鹃、范烟桥、蒋吟秋欢宴于苏州松鹤楼餐馆，庆祝七十大寿，郑逸梅、徐碧波特由沪来贺。[8]

1963 年 7 月，柴德赓和程氏七秩诗：

> 丈夫七十未称稀，笔底澜翻逸兴飞。
> 雁宕天都来复去，疾风惊浪是耶非。
> 花前鹤舞宜添寿，世上龙游已见几。
> 一昨与公论赫秃，奋呼直欲老拳挥。[9]

1963 年秋，林散之随画院诸公来苏，程小青与范烟桥、周瘦鹃、余彤甫等偕游洞庭东山。[10]1964 年 5 月 16 日，为庆祝周瘦鹃、郑逸梅、陶冷月七秩大寿，应邀赴沪，与早年星社、青社诸社友以及友好宴饮于新雅饭店。[11]

新中国成立后，程小青除与早年苏沪社友、文友雅会唱和，又与林散之、钱松嵒、丁士青、惠孝同、董寿平、应野平、唐云、启功、邹大雅、乔木等南北艺林才俊订交，鸿雁不绝，时以辞章笔墨相酬答。这一时期的程小青虽近古稀，却为炽热时代所感，吟出了"高举锦标惊世界，红旗飞舞艳阳天"[12]之句，这与江上老人《江南留别烟桥、小青、彤甫、剑芒》

诗中"议席未忘家国计，百年人有万年心"[13]慷慨同调，实现了某种程度上的自我革新与超越。

2. 绘事、书事

1924 年，在苏州任东吴大学附属中学语文教员期间与夫人黄含章业余习花卉、虫鸟、果蔬等，怡然自乐。[14]是年春，与范烟桥等专程赴无锡池上草堂参观陶冷月首次个人画展。[15]

1925 年始从常熟画家陈迦盦学绘花鸟鱼虫。是年夏，陈迦盦与管一得、余彤甫于南石子街 50 号发起建立冷红画会，规定春秋两季举行画展，分西洋画、中国画两部分。一年后，实施委员会制，程小青与樊少云、顾墨畦、金挹清、赵眠云，均为画社委员。上海美专之汪亚尘、刘海粟、王济远，西湖艺专之吴法升，苏州之胡逸民、柳君然等亦参加社展。在绘画研究上，除了保持传统技法，主张创新发展，以西画透视用国画笔墨表现。[16]11 月，陶冷月应东吴大学校长文乃史博士之邀，在该校举行画展，程小青作评论。[17]

1926 年 2 月，在刘恨我创办的《新新日报》发表《国画概言》。[18]3 月 25 日，在《申报》发表《评谭少云墨妙》称："谭少云先生笔力雄伟而不失浑厚之气，非才学兼臻必不能致。"[19]10 月，陶冷月《冷月画集》（袖珍本）由新中国画社出版，蔡元培题签，赵眠云作序，程小青与王同愈、蒋吟秋、吴梅、吴观岱、范烟桥、胡汀鹭等皆有题辞。[20]

1927 年，顾仲华在苏沪两地创办顾氏国画学社，招收男女学员，分面授、函授两部，高、初级两班。其自编教材，并创用胶纸、金石等混合制版彩色套印，出《仲华画集》三册，以此课徒。程小青、张晋皆师事之。[21]

1928 年 8 月 26 日，在《申报》发表《冷红冷月竞赛记》。[22]

1929 年，文章《画海一蠡》[23]、国画作品《春水》[24] 分别发表于《文华艺术月刊》第一期、第四期。

1931 年 2 月，文华美术图书印刷公司编辑出版《好友佳作集》，收录程小青等友好艺术社全体社员作品，包括何香凝、徐悲鸿、刘海粟、柳君然、高剑父等的国画，梁雪清、王济远、颜文樑、关良等的雕刻、书法、篆刻、摄影等作品。[25] 7 月 13 日，苏州苏沪名人书画纨扇大会筹委会编辑，苏州明报社出版兼发行《苏沪名人书画纨扇大会画报》，该刊是 7 月 13 日—15 日在苏州怡园内举办的苏沪名人书画纨扇大会特刊，共选入程小青等 64 位书画家的纨扇，包括张仲仁、樊少云、陈迦盦、贺天健、余彤甫、管一得、李印泉、吴待秋、吴子深、徐沄秋、蒋吟秋、柳君然等，程氏《对于这次展览会的期望》同刊发表。[26]

1934 年 5 月，在《金刚钻》月刊第一卷第八期中发表《国画的将来》[27]。6 月 15 日，在上海长虹画社编辑部主编的《长虹社画刊》创刊号中发表《读谢君闲鸥画书后》。[28]

1937 年 11 月初，因日寇在金山卫登陆，随同人迁至安徽省黟县南屏村。所蓄名人书画三十余册寄存于东吴大学内，尽遭日机轰炸化为灰烬。[29]

1938 年 1 月 14 日，《申报》刊载程小青、谢闲鸥、蒋吟秋合作书画鬻画收件广告。[30]4 月 6 日，陶冷月作《彩色金鱼》小四屏题赠。[31]

1939 年 1 月 1 日，中华聋哑协会在上海中学举行全国聋哑艺术展览会。作者为上海、北平、天津等地聋人画家，程小青、姜丹书、汪亚尘、俞剑华等盛名于海上的书画家亦捐赠作品共同展出。[32] 10 月 27 日，程小青与严独鹤、钱云鹤、顾明道、范烟桥等刊出金石书画家丁翔华追悼会启事："丁氏别署蜗牛居士，为方镇先生之次公子，翔熊社兄之介弟，总角来沪潜心求学，早岁能文，人惊王勃再世，髫年立品，群疑项□化身，复从名师、益友专攻金石，书画誉起神童，蜚声艺苑。"[33]

1942 年 6 月 21 日，《申报》刊载《顾程合作书画扇面》："小说家顾明道君程小青君，于今夏合作书画扇面，顾书而程画，每箑润例六十元，十日为期。收件处本埠四马路世界里中央书店万象杂志社。"[34]

1943 年，《程小青画例》发表于上海"孤岛"时期的《万象》杂志（第三年第二期），为生计计，自署卖画诗及润例：

> 乱世文章不值钱，漫漫长夜意萧然！
> 穷途忍作低眉想，敢托丹青补砚田。

> 扇面册页，每帧一百元；堂幅立轴，每尺二百元。屏条七折，横幅加半。右为花卉果蔬例，虫鱼加半，翎毛加倍，点品不应，墨费加一，先润后绘。约日取件。三十二年春重订。

1944 年 11 月 4 日（农历九月十九日），与星社社友蒋吟秋、范烟桥、周瘦鹃、严独鹤、郑逸梅等聚宴丰裕楼，赋诗作画，贺陶冷月五十寿。[35] 程氏诗曰："浪迹归来时，论交已廿年。悬弧逢劫火，割席笑贪泉。艺苑留新格，诗囊少宿钱。亮风追五柳，允矣画人传。冷月兄五十寿，步诸社兄韵贺之。"[36]

1945 年 1 月 22 日，陶冷月画展，并附程小青扇面画展在红棉画厅举行。此为该厅主办的首次名家个展，至 28 日止。[37]

1946 年，陶冷月作《墨蕉》扇面题赠。[38]

1947 年冬，陶冷月作澄波初月图题赠。[39] 腊冬，应周瘦鹃邀，与苏州作家、画家做丁亥消寒雅集，品茗赏花，聚会于紫罗兰盦，席间合作《岁朝清供图》。[40] 邹荆盦作胆瓶天竹水仙，陈负苍作松枝山茶，余彤甫作石，周幼鸿作菖蒲，朱竹云作书卷，张星阶作老梅，蔡震渊作紫砂盆，张晋作柏枝万年青，朱犀园作竹，柳君然作百合柿子如意，程小青作荸荠橄榄，韩天眷作蜡梅，谢孝思作宝珠山茶，乌叔养作橘，蒋乐山作菱，卢善群作盂，命名为岁朝集锦，由范烟桥题记云："丁亥之秋，集于紫罗兰盦，琴樽余韵，逸兴遄飞，以素楮为岁朝图，迓新禧也。"[41]

1948 年 5 月 31 日，程小青女育真在美国成婚，陶冷月作《设色芭蕉图》贺赠。[42]

1953 年 8 月 3 日（农历六月廿四日）莲花生日，与周瘦鹃、陶冷月雇船同往黄天荡观莲。[43]

1965 年，持费新我所绘《骑自行车小像》至紫罗兰盦请周瘦鹃题诗，诗曰："少年意兴踏车来，老去依然力未隃；我自望尘追可及，敢将健步傲风雷。"[44]

1972 年，在家中练习书法。写诗填词以自慰。[45]

1975 年 2 月，为苏州名胜园林赋诗十三首，自书、印为
《苏州园林》小册，分赠友好。[46]

综上可知，程氏于数十年著译之余，雅好笔翰，时时操
觚，或为逸兴所寄，或为书斋自适，或为艺林酬唱，或为愁
怀所托，抑或为砚田之补。世殊时异，回首程氏十年浩劫中
的苍茫暮景，结合其茧庐劫后烬余之墨迹笔痕可知斯翁于书
画一道诚谓镂骨铭心、痴魂有寄。

二、书画艺术摭谈

江元舟《小说家程小青》一文中对程氏生平经历、学问
事功做了较为翔实的记叙，谈及程氏酷爱字、画、诗，认为
程氏的画作无论寒梅虬枝铁干、青藤萝蔓硕果、山石云海松
涛、流泉飞瀑冷月，都深具"凝重中透着空灵"，构思巧妙而
内涵深邃的妙处。[47]下文试从程氏"谈艺片语"与"画痕书迹"
略论其书画艺术。

1. 谈艺片语

程小青以小说家立身，多以翰墨丹青为余事，然亦难掩
其才情与积学。虽未尝撰以书画专论，亦时有谈艺隽语星散
于画头报端，与其遗墨相互印证，颇能生发。故寻捡故纸，
朝花夕拾于下：

1925 年，陶冷月在东吴大学举行画展，程小青评曰："冷
月先生，执教长沙雅礼大学凡四载，擅绘事，运笔能融会中
西，自成一家。曩岁于梁溪公园之池上草堂，曾得读其作品，

弥深心折。兹复于东吴林堂，设会展览，更得见其《中秋对月》《柳暗花明》等图，一则云烟飘渺，意境出尘，一则敷色布局，别出蹊境，殊令人叹观止矣。"

1926 年，发表《国画概言》。时"全盘西化"之论甚嚣尘上，程氏独持为国画鼓与呼之论："国画所长，在能以意境气韵动人。吾人披览山水，见夫层峦叠翠，重楼复阁，明知一树一石，未必尽合尺度，且知如此景界，皆出于画师之想象，初非有是实境，顾欣赏之兴趣，决不致因此而减，且反有因以生投身入画之幻想者。画能若是，艺术之能事已尽，又何所用其讥乎？"

1928 年，在《冷红冷月竞赛记》一文中评陶冷月之"变相"："冷月以独创新中国画著称，所作参照西法，恒以雄厚胜。乃此次展览之作品，已一变其面目，国粹画品，竟占十之六七。偏览诸图，空灵清俊，似不食人间烟火……予因亦笑谓之曰：君变相矣。冷月亦自承善变，且云今犹在嬗变之中，不知彼未来之面目，将变至若何程度也。"

1929 年，在《文华艺术月刊》发表《画海一蠡》，文中先言个人嗜好国画成癖，盖因性情相合故；继说陈师迦盦学画法——"运笔用腕，亦可以力求而不可幸致"；复举顾师仲华"绘画本身，不能依科学之方式而求析，而学画之法，则固无害于科学化"之新式课徒法，架初涉绘事者之津梁。

1931 年，在《苏沪名人书画纨扇大会画报》发表《对于这次展览会的期望》一文，以"苦闷生活中的一线阳光"为副题。

1934 年，《国画的将来》一文中分"时代变动中的杞忧"、"国画的基础"、"我们应怎样保存遗产"、"题材的改革"等章节论之，文中援引乃师陈迦盦所论"笔墨宜师古人，意境则在我创"等重要观点来谈论中国画的最高表现准则——"气韵生动"。程氏在文中既列举德国大诗人歌德"艺术之为艺术，却因其不是自然"的观点，又转述了恽南田"一草一树，一丘一壑，皆灵想所独辟，总非人间所有，其意象在六合之表，荣落在四时之外"的心悟，说明"逸气"和"真意"发源于人的心灵，此即绘画表现的最高点。程氏还关注到后期印象派首领舍长努（即保罗·塞尚）[48] 和黄高夫（即文森特·梵高）[49] 的绘画观，认为绘画的创造和欣赏，其最高点在乎心灵方面，却不受现世界的限制。程氏进而总结道：气韵生动而充满生命活力的作品绝不单单是学习"传移摹写"可以制成，必须兼备高洁的人格，丰富的情感，宏博的识见，然后发之于心，托之于腕，才能生动感人。是文可视为其对国画艺术较为系统、严谨的观点阐述。

综上可知，程氏对其师友陈摩、顾仲华、陶冷月等人的艺术风格、观念表现、创作方法、教育活动皆有醒豁深入的认识和切中肯綮的评论，且在一定程度上，成为近现代苏沪地域传统中国绘画变革的参与者、见证人。程氏嗜画成癖，且从陈、顾二师学，浸淫良久，默而识之。在技法上讲求沉潜传统、精研渐悟；在观念上注重中西融汇、守正通变；在神趣上追慕情景辉映、气韵生动。

2. 画痕书迹

早在 1927 年，郑逸梅就在《新上海》发表《程小青之画》

一文[50]，讲述程氏"从了仲华学绘花弁，用笔设色，兹已楚楚可观"，并代为宣介之，以增声价。

迨至 1945 年，程小青扇面画展在红棉画厅举行，范烟桥特意在《海报》撰文力荐："老友小青，师陈迦仙有年，所作花卉虫鸟，娟娟可喜，仿佛吾乡刘子和[51]。近呵冻成便面二十帧，以附于冷月之红棉画展。余于一昨，得快先睹。意境别开，且多寄托。而每帧题句，俱出新制；余最爱其螳螂捕蝉之一帧，柳枝披拂，黄雀隐后，各栩栩欲活，题诗云：'螳螂欲捕蝉，黄雀忽在后，世事原纷纷，白云幻苍狗。'亦寄慨弥深。去时方拥衾偃息，盖天气严寒，挑灯力画，未老先衰，竟为病魔所袭矣。为止怃然！"华海亦于《大上海报》宣扬之："程小青为名侦探小说家，无论译著，皆脍炙人口，且为国内唯一有系统介绍英美名家侦探小说之人。所译著之《霍桑探案》《福尔摩斯》《圣徒奇案》《斐洛凡士》等，几乎妇孺皆知。其女公子育真小姐，亦为著名女作家，近于《小说月报》发表《我的父亲》一稿，深挚动人，读者无不赞赏。最近出版物零落，而程小青之侦探小说，仍不断的问世，世界书局于近年来，新书中以此项书籍销路最佳。程小青氏工于译著之外，兼擅丹青，所绘扇面，内外行一致称颂，本月二十二至二十八日红棉画（厅）举行第一次名家个展，附陈程小青先生精品扇面，爱读程氏侦探小说者，想必乐闻也。"以上短文二则虽大有广而告之、待贾而沽之意，但也大致说明了程氏的绘画具精工闲雅、逸气清和的风格韵致。

大抵鸳鸯蝴蝶派旧人虽善书画，然非当行，少有高轴大卷。从程氏存世画痕来看，多为书案清赏、筐头小品。如其早年之作《岁朝清供》（1928 年）、《春水》（1929 年与徐悲鸿、许士骐、黄文农画作同刊发表）二帧即是其本色面目，体近陈迦盦花卉一格，兼工带写，融融泄泄。再如其《秋柳鸣蝉》《春燕》等皆近师陈迦盦，上承陆廉夫，远绍恽瓯香，施以没骨体，清秀妍雅，工整艳丽，于姿态生动之中，尤富书卷醇和之趣，允有江南老名士遗风。值得注意的是，程氏早年即鬻画海上，笔下花卉、翎毛、草虫、果蔬多写市井寻常风物，以求润补砚田，却能不落时畦，于纤柔婉丽中寓一脉自矜的风骨。程氏于设色亦颇有心解，色秾丽而不艳，韵古淡而不凋，故能得南田"以浓为厚，以淡为远，以秀为骨，以静为柔"三昧，赋予江南花木一种"看似平常最奇崛"的生机与士气，以楮纸缣素浇胸中块垒，追寻"妙极自然"的神思宁和与恬然自洽。

郑逸梅称程氏"行楷无俗笔"，江元舟则以"清秀大方，遒劲有力，墨韵渗化，含情幽幽"评之。程氏癸丑（1973 年）冬月书《红梅》一札[52]，援录东坡《红梅三首》其二："怕愁贪睡独开迟，自恐冰容不入时。故作小红桃杏色，尚余孤瘦雪霜姿。寒心未肯随春态，酒晕无端上玉肌。诗老不知梅格在，更看绿叶与青枝。"甲寅（1974 年）春月书《祝寿》一札[53]，自作贺老友逸梅八秩诗："路名考寿恰相宜，八十遐龄合撷芝。著述等身称独步，交游广泛迈高枝。春风桃李宣科日，秋雨梧桐话旧时。矍铄精神犹少壮，百年华诞足堪期。"此二札皆为晚岁致老友郑逸梅书，笔墨虽未能开生面，却能窥见恽南田、孙虔礼笔意，将疏放清空的个人情性一寓于书，呈以情辞并茂、苍润自然的神貌。倘若结合彼时两翁天涯星散的情状，当感恸于"驿路梅花"中深深蕴藉的"两鬓寒霜襟袖冷"，也更怀想当年的"一度春风肝胆热"。此外，程氏早年即惯以钢笔作书[54]，观其乙卯年（1975 年）秋月致逸梅札[55]笔态龙钟，时见颓放，信中提及彼年八月为结缡一甲子的夫人黄含章辞世而作的《悼亡》二首，"无量往事从头忆，尽付东流若梦烟"之句怎不令人潸然。

冰心曾集龚自珍《己亥杂诗》句云"三生花草梦苏州，红似相思绿似愁"，仿佛可为程小青等吴下旧文人下一转语。程氏一生未尝以艺事自高，而能追"余事犹称老画师"之境[56]。回眸上世纪吴门艺林的耆旧往事、画痕书迹，兴感之余，亦使人思及当下的士林风气，庶几可免浇漓而求醇和。

注释：

1. 芮和师、范伯群、郑学弢等编 . 鸳鸯蝴蝶派文学资料（上）［M］. 北京：知识产权出版社，2010.03：379.

2. 魏绍昌著 . 我看鸳鸯蝴蝶派［M］. 上海：上海书店出版社，2015.10：193—200.

3. 卢润祥著 . 神秘的侦探世界——程小青、孙了红小说艺术谈［M］. 上海：学林出版社，1996.01：附录 151.

4. 同上 .

5. 同上 .

6. 同上：附录 152.

7. 王广汉著 . 林散之传（增订本）［M］. 杭州：西泠印社出版社；2017.03：411.

8. 卢润祥著. 神秘的侦探世界——程小青、孙了红小说艺术谈〔M〕. 上海：学林出版社，1996.01：附录152.

9. 柴念东编注. 柴德赓来往书信集〔M〕. 北京：商务印书馆，2018.06：172.

10. 南京广电书画院编. 芥子园艺谭　第1辑〔M〕. 南京：南京出版社，2008.11：42.

11. 卢润祥著. 神秘的侦探世界——程小青、孙了红小说艺术谈〔M〕. 上海：学林出版社，1996.01：附录153.

12. 江苏文史资料第53辑　吴中耆旧集——苏州文化人物传〔M〕. 南京：江苏文史资料编辑部，1991.12：102.

13. 江苏文史资料第113辑　林散之〔M〕. 南京：江苏文史资料编辑部，1998.08：96.

14. 卢润祥著. 神秘的侦探世界——程小青、孙了红小说艺术谈〔M〕. 上海：学林出版社，1996.01：附录140.

15. 卢辅圣主编. 朵云　第五十一集　现代水墨画研究〔M〕. 上海：上海书画出版社，1999.09：257.

16. 中国人民政治协商会议江苏省苏州市委员会文史资料研究委员会编. 苏州文史资料选辑第16辑〔M〕. 中国人民政治协商会议江苏省苏州市委员会文史资料研究委员会，1987.03：156.

17. 卢辅圣主编. 朵云　第五十一集　现代水墨画研究〔M〕. 上海：上海书画出版社，1999.09：258.

18. 郑逸梅著. 郑逸梅选集　第六卷〔M〕. 哈尔滨：黑龙江人民出版社，2001.01：561.

19. 王震编著. 二十世纪上海美术年表〔M〕. 上海：上海书画出版社，2005.01：189.

20. 陶为衍编著. 陶冷月　下〔M〕. 上海：上海书画出版社，2005.08：571.

21. 李明著. 锦绣铺舒〔M〕. 南京：凤凰出版社，2015.07：341.

22. 岭南画派纪念馆编. 国画复活运动与广东中国画国际学术研讨会

论文集　下［M］．广州：岭南美术出版社；2017.01：176.

23. 程小青著．画海一蠡［J］．文华艺术月刊，1929 年第 1 期：42.

24. 程小青绘．春水（国画）［J］．文华艺术月刊，1929 年第 4 期：20.

25. 王震编著．二十世纪上海美术年表［M］．上海：上海书画出版社，2005.01：295.

26. 许志浩著．中国美术期刊过眼录　1911—1949［M］．上海：上海书画出版社；1992.06：79.

27. 程小青．国画的将来［J］．金钢钻月刊，1934 年第 8 期：1—5.

28. 蒋义海主编．中国画知识大辞典［M］．南京：东南大学出版社，2015.12：612.

29. 江苏文史资料第 53 辑　吴中耆旧集——苏州文化人物传［M］．南京：江苏文史资料编辑部，1991.12：98.

30. 王震编著．二十世纪上海美术年表［M］．上海：上海书画出版社，2005.01：439.

31. 陶为衍编著．陶冷月　下［M］．上海：上海书画出版社，2005.08：576.

32. 马建强著．中国特殊教育史话［M］．北京：新华出版社，2015.05：118.

33. 王震编著．二十世纪上海美术年表［M］．上海：上海书画出版社，2005.01：462.

34. 李万万著．美术馆的历史［M］．南昌：江西美术出版社，2016.05：290.

35. 陶为衍编著．陶冷月　下［M］．上海：上海书画出版社，2005.08：577.

36. 同上：549.

37. 王震编著．二十世纪上海美术年表［M］．上海：上海书画出版社，2005.01：528.

38. 陶为衍编著．陶冷月　下［M］．上海：上海书画出版社，2005.08：

578.

39. 同上：579.

40. 卢润祥著．神秘的侦探世界——程小青、孙了红小说艺术谈〔M〕．上海：学林出版社，1996.01：附录150.

41. 周瘦鹃著．花木丛中〔M〕．金陵书画社，1981.04：72—73.

42. 陶为衍编著．陶冷月　下〔M〕．上海：上海书画出版社，2005.08：580.

43. 张晓春，龚建星编．名物采访〔M〕．上海：上海社会科学院出版社，1995.01：18.

44. 周瘦鹃著．姑苏书简〔M〕．北京：新华出版社，1995.05：222.

45. 卢润祥著．神秘的侦探世界——程小青、孙了红小说艺术谈〔M〕．上海：学林出版社，1996.01：154.

46. 同上．

47. 江苏文史资料第53辑　吴中耆旧集——苏州文化人物传〔M〕．南京：江苏文史资料编辑部，1991.12：98.

48. 原文为："万物因我的诞生而存在，我是我自己，同时又是万物的本源。"

49. 原文为："我们从现实的一瞥有所会得，而创造灵气的世界。"

50. 郑逸梅．程小青之画〔J〕．新上海，1927，第7期：100.

51. 刘德六，字子和，江苏吴江人，号藕花邨外史、松陵画隐、红梨馆主。《中国美术家人名辞典》云其："禹之鼎弟子。学画花卉，出笔秀逸。生平涓洁自好，居垂虹亭旁红梨花馆，或对花写照，或即物取形，各具生动之趣。翎毛、草虫、蔬果并臻其胜。陆恢为其弟子，而名转为恢所掩。"

52. 郑有慧编．郑逸梅友朋书札手迹〔M〕．北京：中华书局，2015.09：26.

53. 同上：27.

54. 郑逸梅著．书坛旧闻〔M〕．杭州：浙江美术学院出版社，1992.09：114.

55. 郑有慧编 . 郑逸梅友朋书札手迹［M］. 北京：中华书局，2015.09：28.

56. 梁启超著 . 梁启超全集　第九册［M］. 北京：北京出版社，1999.07：5422.

程小青画艺摭谈

刘传铭

生于十九世纪末的闻人程小青先生，以现代侦探小说创作称誉文坛，是二十世纪海派文化舞台上的一个奇妙的存在。

被称为"东方柯南道尔"的他，在《险婚姻》《血手印》等系列侦探小说中，创造了一个惩恶扬善智慧正义的名侦探"霍桑先生"，堪称可与家喻户晓、享誉中外的福尔摩斯比肩。至今"霍桑先生"仍深受艺术家青睐，他的故事不断被翻拍成影视作品，其形象依然活跃于银屏。同道中人嘉许其作品娟娟可喜，意境别开。尤其是对血色魔窟、惨夜迷踪小说背景的描述，令读者如临其境，感触惊心。这有别于其他小说家场景描写的感染力，当得益于其绘画功夫了得。可惜长时间里知道的人不多，海上和吴门画坛这位丹青高手，一直为其文名所掩。

小青先生早年生活在上海，深受西风熏沐影响。曾大量阅读西方小说并与朋友合译"福尔摩斯探案"系列，自己在举手投足间俨然一个东方福尔摩斯，是那个时代的风尚标式人物。先生定居苏州后，一变新潮为怀旧尚古，对姑苏城的风物淳美人文蕴藉尤为钟情，甫拜吴门名家陈摩为师学画丹青，即倾心国粹，由洋变土，成为行走于苏沪之间，过着"双城"生活的又土又洋之人。

程先生对绘事的痴迷，不是假托风雅，也不仅视其为文之余事，而是探渊溯源，在打一口深深的艺术之井。难得其在挥写点染之际于理论上又做中西画学比较，以探堂奥。他的学术主张乃支持借西法做国画教法新尝试，为初涉绘事者铺架津梁，期望在西风劲吹、以洋为标的上海逐渐扭转从事国画之人寥寥无几的颓势。他层层分析、正反论证国画之求生路线，得出结论：不在换西装换肤色的全盘西化，而当先识得自己本来面目，进而谨遵师嘱"笔墨宜师古人，意境则在我创"（陈摩）的古训，方可寻得一种艺术普世规律。中西兼融同样是对中国文化的坚守，这一点他比同时代西泠印社的"独立不迁"更具教化普罗大众的社会意义。

他深知，与侦探小说重科学逻辑推理不同，中国画不以所谓的透视原理、形体轮廓、光线明暗、崇尚自然等为准绳。他曾说国画精髓即是"国画所长，在能以意境气韵动人。吾人披览山水，见夫层峦叠翠，重楼复阁，明知一树一石，未必尽合尺度，且知如此景界，皆出于画师之想象，初非有是实境，顾欣赏之兴趣，决不致因此而减，且反有因以生投身入画之幻想者。画能若是，艺术之能事已尽"。他直言国画是非科学的，更用歌德的

"艺术之为艺术，却因其不是自然"做东西艺术认知的沟通互鉴。针对当时面对西风东渐的两派——投降则投降，全盘西化，拒绝则拒绝，罔顾时代变革，他认为实践上的分治和理论上互借不可混为一谈，更不应视如冰炭。此一点尤为难得。

读其人而知其画，读其画而识其人，是一般人的审美意味和品鉴经验。这是强调画家与作品的风格统一，艺术与人生的形貌合体。可在程小青这里，问题会变得有些复杂，会令探究其人与艺的内在联系既非易事亦更加趣味盎然。还是先来看画吧。

在今天仍能见到的程小青先生绘画作品中，《巧果图》堪称代表作之一。

《巧果图》上题词：

星社始于壬戌七夕，每岁双星渡河之夜同人必文酒之会，今已九为度矣。顾年来云散风流，在吴下者不及其半，怅盛事之难再，感良辰之易逝。爰倩小青社兄写雪藕红菱以为纪念，益系以词：

尊风赏雅，谈天说地，嘉会已经九度。几时说海浪传名，似巧胜双星无数。

丝连藕断，根浮菱倒，画出一些思路。等闲白了少年头，剩酒角春朝秋暮。

《鹊桥仙》用秦少游韵

巧果　十九年七夕小青写

该图以折枝花卉样式绘断藕、孤荷、红菱。兼工带写，设色明艳，颇具民国风。此类图式貌似西洋水彩，但在南田道人笔下亦可常见，称"小写意"。至民国后，京派齐白石、王雪涛先取法于此，后别开生面。海派任伯年、江寒汀、张大壮更是将此"小写意"一路发扬光大，使之成为中国画"民国风"的经典范式。程小青是此笔墨阵容中佼佼者之一。"小写意"是指写形寓神、托物寄情，讲究形正韵丰、灵动机巧，不以空言山河壮丽、天地春秋为标傍。注重于描绘一花一叶一鸟一虫，以独抒己怀为抱负，以追求赏心悦目、雅俗共乐为旨趣，故而收获了亲切感人、小中见大的艺术感染力。这与当下那些动辄以所谓"主题性巨制"来抒写的"形空神伪、假大空烂"的作品不可同日而语。

程小青《巧果图》
（含范烟桥题字）

202

明中叶以来，中国画"诗书画印"合体的格局已臻成熟。吴门和海上两派于此更为精熟。除了形式上语言上的丰富多彩，其内在动因便是要复兴"文之余事"这一中国画传统。简言之，中国画是画思想画感受画自己真知灼见，写一人喜悲愁乐。故而中国画从唐宋元时的无题无跋无注无款藏款穷款到明清以降的长题长跋长书，这一变化要求画家不仅手下有功夫，还要胸中有丘壑，抱负有寄托。长题既见功夫又见精神，亦是判断作品优劣的一个重要标志。《巧果图》不仅取胜于图更见长于题，值得仔细玩味。

几种水彩静物般的"巧果"在俗眼中很平常，可在程小青看来是那样心受震撼。《巧果图》上题词写星社始末，星社始创于1922年，至1930年九年庆时已作星散，能不让当事人唏嘘。故而画家道："丝连藕断，根浮菱倒，画出一些思路。等闲白了少年头，剩酒角春朝秋暮。"时光流水，韶华易逝。读罢长跋，我们还能将《巧果图》仅仅视作应景的小品吗？

能长题者需要文心隽秀，笔力潇洒，指事议论，有感而发，是文人画形式重要一面。程小青信手写来，深得其旨趣。设想此图若无长跋，一定平淡无奇。反之则新人耳目。

用流利"二王"遗韵笔法书写出题跋文字为程先生绘事增色的例子比比皆是：

绘《游鱼落花图》题"无可奈何"。

绘《墨菊红叶图》题"高风追五柳"。

绘《蕉叶杂花图》题"幽香留绣闼，新绿上窗纱"。

......

这样的画作自然会勾起人们对晏殊、陶渊明等无数文人的闲吟低唱拍节而和、浮想联翩。看画如读诗，看画不是画。

程小青《游鱼落花图》

程小青《墨菊红叶图》

程小青《蕉叶杂花图》

我极喜爱程先生
所绘扇面《世乱纷纷
图》，此小品扇面神
完气足，笔墨精良，
设色典丽，构图畅晓。
斜出的春柳沿扇边弧
线伸展开来，牵牛花
攀援而上，垂拂的柳
条自上而下绘黄雀、
螳螂、蝉。个个精准
生动，又互相呼应。

程小青《世乱纷纷图》
（蒋吟秋于扇背题字）

一个令人烂熟的老故事在画家笔下得到重生。画家在扇面中央
留白处题写道："世乱纷纷，白云苍狗。螳螂捕蝉，黄雀在后。
唯仁与智不为物诱，利人利己可长久。"

画家手上功夫，在平淡中出新；作者心中修养，于无奇处出奇。《世乱纷纷图》是一幅几乎完美得可以入画史的佳作。这是一把成扇，背面有宿儒蒋吟秋所书四幅铁线篆吉金铭文，更显无比珍贵。

　　斯人已逝，追忆长存。感恩程小青先生为中华文化留下了一笔珍贵的遗产。程小青其人其艺是一个不该被遗忘的经典。

　　吾当惜乎，君能忘乎？

写于甲辰春分

缅怀寄爹程小青

陶为衍（育亨）

　　程小青是我寄爹，在我出生前就已攀上了这门过房亲。这是 1944 年 11 月 5 日，星社诸友聚宴我家风雨楼，祝家父陶冷月五十寿辰。诗酒间江红蕉、蒋吟秋、徐碧波、吴仲炯、王佩诤、严独鹤、程小青、郑逸梅、周瘦鹃等社友将各自的吟咏先后录入一本小册页。其中程小青题咏为："浪迹归来日，论交已廿年。悬弧逢劫火，割席笑贪泉。艺苑留新格，诗囊少宿钱。亮风追五柳，允矣画人传。冷月兄五十寿，步诸社兄韵贺之。"（此《冷月五十寿册》2013 年捐赠苏州博物馆）众人嬉笑间将尚未出世的我指腹给刚任爷爷的程小青做寄儿，并按照寄爹子女育德、育真、育刚的排行，给我取名"育亨"。

　　这次酒罢，众人又乘兴挥毫，图成，陶冷月题"岁寒三友"四个大字，并书录郑逸梅文："甲申重阳后十日，星社同人，集于风雨廛，朋簪话旧，诗酒言欢。冷月出素楮作苍松，索吟秋画梅、小青写竹，坚岁寒之盟，寓延年之祝。逸梅为之记，冷月书。""三友"有两层含义：冷月、吟秋、小青三友合作此

《岁寒三友图》

图，以坚岁寒之盟；又周瘦鹃、郑逸梅、陶冷月三友同庚，共祝衍庆。然后众友又分别在图上题咏。

范佩萸书周瘦鹃《浣溪纱》词："风雨危楼百尺高，琴尊雅集醉秋醪。撑胸豪气未能消，映日红梅何艳艳。迎风翠竹自萧萧，邀松来结岁寒交。"

徐碧波："琼霏玉屑落尊前，三友岁寒证夙缘。风雨晦明鸡唱晚，鸥盟珍重老弥坚。"

程小青书："白眼看朱紫，何如孤竹贞。襟怀开万古，心迹证双清。小青写竹并题。"

蒋吟秋书："风雨廔头酒满前，梅花松竹亦因缘。醉余晋颂无他语，冰雪精神老益坚。吟秋写红梅并题。"

范烟桥题："两间清气一尊前，寒隐加盟翰墨缘。三友作朋同是客，鸡鸣风雨此心坚。"

严独鹤句："苍松翠竹都坚劲，更喜梅花格调高。"

不久《岁寒三友图》为捐助星社社友顾明道遗族而义卖。1945年1月23日《大上海报》有报道："小说家顾明道，去年作古后，星社同人曾向各方集款，以赒济其遗族。近因百物飞腾，所收子金，不足以维持生活，故陶冷月君愿将其甲申五十初度时，所绘之《岁寒三友图》，义卖以补助之。是图系冷月绘苍松，蒋吟秋画红梅，程小青写翠竹，现陈列于红棉酒家三楼画厅陶冷月之画展会内……此系星社同志之结晶品，出资购买后，既得稀世珍品，又助顾氏遗族，一举两得，何乐不为？"约一个甲子后的2004年，台湾藏家翁震先生得知上世纪八十年代初购自上海文物商店的《岁寒三友图》蕴含这段经历，见我正在编集陶冷月画集和年谱，特将其赠予笔者。承载着前后义卖和义赠之义举的《岁寒三友图》，更显其可贵的史料价值。每当凝视着画中的几笔翠竹和"襟怀开万古，心迹证双清"题句，寄爹的音容笑貌又呈现在眼前。

我和寄爹最后一次见面也是个难忘的特殊时刻。1976年10月10日，我旅行结婚到苏州，这也是我首次回故里，一下火车就直奔望星桥北堍23号，刚进寄爹家门，邓援嫂就告诉我寄爹已住院且病危，即陪赴苏州市第一人民医院探望，此时寄爹双目紧闭，我多次呼唤："寄爹，育亨来看你了！"他微微睁开了眼睛，仅说了句："育亨，你总算来苏州了！"就再也没有回话。这也是寄爹对我说的最后一句话。因我太太育真，与寄爹女儿育真同名，寄爹觉得更为亲切，虽然居室被抄家后非常拥挤，但仍叮嘱我来苏州就住在家里。遇此变故，我俩就去借住旅馆了。此时，苏州城内正在大游行，欢庆粉碎"四人帮"。晚上，一群持枪佩戴袖章的人员前来查房，严肃地盘问从上海来苏州干吗。当听到我说是来探望寄爹程小青的，他们与医院核实后，态度马上和善了，并告知，"四人帮"已被粉碎，而上海还盘踞着"四人帮"爪牙，消息被封锁，所以对旅宿的上海客人必须逐一盘查。次日，游览了虎丘塔、西园、留园，12日一早就匆匆回沪了。父亲知我寄爹病危就去信问候。14日晨接社友徐碧波函告我寄爹已于12日去世，父亲即去信致哀：

育德世讲礼鉴：

　　昨发一函想已收到，今早接碧波兄函，惊悉小青兄已逝世，问讯之下，悲哀无似，尚祈诸位世讲节哀顺变，继承父志为荷。月年老体弱，未能到苏吊唁，衷心疚歉，只能凭寸缄以志哀思，祈谅之。

　　专此，顺请礼鉴！

陶冷月手启

七六年十月十四晨

又回复徐碧波函：

碧波兄：

　　今晨接手书，承转告小青兄灵耗，弟即致函育德吊唁，昨晨曾发一函致小青问候，惜已不能令其见到矣。人生如梦，可悲也。弟自去冬患老慢支，久经医治，迄今方稍愈，外强中干，精神疲乏，行动迟钝，故久未通函，甚歉甚歉。小儿为衍于十日旅行结婚，目的地苏州，专访小青，曾于医院中见到他的过房爷，回家后告知情况，故弟即去函问候，奈已迟了。兄之情况，弟常从梅兄处打听，知平安为慰，尚祈节劳为祷。

专此，即颂秋安！

弟冷月顿首
七六年十月十四晨

10月17日，徐碧波来函，介绍程小青追悼会概况。

冷月我兄：

惠复拜到，青兄辞世后，于昨得育德来函陈述病况，与十四日下午二时火化场由省政协、中共苏州市委办公室、苏州市委统战部及市政协都送了花圈。追悼会由市政协副秘书长主持，政协副主席致悼词，张辛稼讲话，场面至为哀荣。另外托弟转悉诸世伯叔，惠挽以诗词，俾光泉壤，而志永念。为此，弟特奉函专陈，乞赐一二，直接寄苏为荷。贤郎结婚，弟未前知，失礼为歉！赴苏旅行造访寄父于医院时，只隔二天，亦属有缘矣。益以见弟之未去探病于生前，得电亦未能瞻遗容于身后，更为怅歉也，妄诒三绝，俾补我过，内有一句"疚心终负范张亲"可以概其余矣。又知兄台慢支将愈而精神不振，此乃我等通病，亦有符合自然规律。如梅兄之"鲜灵活跳"，实足为一收"末会"者。然而，到那时，一首挽联也收不着，未免更觉得太凄清的，然否？兴到复之，不则只有听便了。

即颂潭安不一！

弟碧波

76 年 10 月 17 日

遗憾的是，寄爹没能亲眼看到"浩劫收场，四凶伏法"。

我虽然没出生时就已是程小青的干儿子，又在他去世前二天见了最后一次面，但因各居苏沪两地，接触并不很多，但在我人生最绝望、最艰难时刻，他的教导使我重新鼓起学习的信心，并影响了我的一生。1958 年父亲被谬列"右派"，受家庭成分影响我被剥夺了升学的权利，只好在家自学，两年后经考试获得了上海市自学广播学校高中课程文凭，却连高考报名的资格都没有。家里经济十分困难，报名进上海的工厂当学徒也被拒绝，无奈之下去了江西一钢铁厂打工，当时还不足十六周岁的我，成了一名童工，每天吃不饱还要挑矿石。一年后工厂又下马了，我将被下放到鄱阳湖农场，后通过亲戚联系到青浦务农，成了一名下放工人，过着受人歧视、暗无天日的日子。那时寄爹以自己的坎坷经历教导我，说自己只上过小学，十六岁就到亨达利钟表店当学徒，边打工边学习外语和写作，翻译和创作都是靠自学打下的基础，鼓励我继续读书自学，才不会错过今后可能遇到的机会。务农四年后我被招进建筑公司做临时工，因当临时工时个人档案还在青浦，没受到家庭成分的影响，公司见我有高中学历，便将我调到保健站打杂。有这些年打下的文化基础和养成的自学习惯，我趁此机会，自学了中专大专的医学课程，并利用各种方式放弃休假去医院进修实习，经十多年的拼搏，没进过一天专业教室的我，通过两次全市卫生系统统考，先后获得了医学的初级和中级职称，当了四十年医生。在搜集、整理、出版父亲艺术作品和史料的过程中，近三十多年来，我不断向相关学者求教，边学边做，编著了《陶冷月年谱长编》及出版了十多本画册和影集，为抹去尘埃，揭开尘封，为后人能全面地真实地了解陶冷月的艺术成就提供较为完整的资料。回顾上述自己一生所做过的两件大事并为此感到自慰，这离不开寄爹的榜样作用及教导鼓励。寄爹不因陶冷月被戴"右派"帽子而疏离友情，仍对我谆谆教导，他留给我的印象就如他笔下的大侦探霍桑和他的同伴包朗那样在复杂的环境里为人正直，守正不污，真如陆文夫在《程小青文集》序中所说："他是个人道主义者，总是用一种善良的目光来打量这个世界，对人诚恳而宽厚，富于同情心理。"

寄爹与我父亲陶冷月都是星社社员。星社是1922年七夕，范烟桥、赵眠云、郑逸梅、顾明道、屠守拙、孙纪于、范君博、范菊高、姚庚夔等九君子在留园雅集时，取七夕是双星渡河之辰，名此无社长、无社级、无社费、无社址的文人团体为

"星社"，以茶话或聚餐方式联络感情，切磋文艺，月集一次于苏州各园林。在鹤园举行十周年纪念时，社员已有三十六人，称为三十六天罡。此后社友逐渐迁居上海，社群在沪不断扩大，至1937年春，社友发展到一百零八人即不再发展。程小青、陶冷月等均为建社初期入社的社友。因此在拙编《陶冷月年谱长编》中寄爹程小青除了与陶冷月的频频交往外，也屡屡出现在星社的各类活动中，结合拙编将此罗列于后，供读者从不同角度对侦探小说家程小青有一个较全面的了解。

1925年，东吴大学林堂举办陶冷月画展，程小青题赠："冷月先生，执教长沙雅礼大学凡四载，擅绘事，运笔能融会中西，自成一家。曩岁于梁溪公园之池上草堂，曾得读其作品，弥深心折。兹复于东吴林堂，设会展览，更得见其《中秋对月》《柳暗花明》等图，一则云烟飘渺，意境出尘，一则敷色布局，别出蹊境，殊令人叹观止矣。承以素纸嘱贡评语，爰书数言，以志钦佩。民国十四年秋暮，程小青识。"（《冷月画集》[袖珍本]1926年版37页）

1926年10月22日，《申报》刊载程小青《题冷月社兄松风图》："画笔挟风雨，乱云似吼鲸。姮娥窥半面，来听怒涛声。"

1926年6月至1927年1月，星社发行三日刊《星报》共75期，程小青在第1期载文《跳加官》；第27、28期连载《西瓜与汽水》；第56期《与陈右铭医士谈医》；第68期《本地风光》。

1927年，与徐碧波、叶天魂等合资创办苏州第一家有发电设备的电影院——公园电影院。

1928年8月22日，苏州北局青年会举办陶冷月画展，26日程小青在《申报》撰文《冷红冷月竞赛记》："同气相应：吴中画社，首推冷红，社中定例，每届春秋，必公开展览，一以抗扬艺术，为吾人枯寂生活之调剂，一亦备社员之互相观摩，期以精进，意至善也。此次第十一届展览之期，为本月二十二日，地点假城中之乐群社。而吾友陶子冷月，亦于是日举行其个人画会于青年会，日期既同，会址又相距密迩，不知者或疑为含有竞敌之意。实则陶君之意，同是艺术，声气相通，冷红既负有以艺术之火焰，炬耀社会，俾趋美化之使命，陶子乃亦以生力之偏军，共同合作，以助成其使命耳。故吾文之标题，虽名曰竞，而实系善意之竞，同气相应之意也。……冷月之变相：冷月以独创新中国画著称，所作参照西法，恒以雄厚胜。乃此次展览之作品，已一变其面目，国粹画品，竟占十之六七。偏览诸图，空灵清俊，似不食人间烟火。予最爱其《细雨垂杨系画船》一帧，涉笔盈纸，不觉其密，而写风势雨意，实有绘影绘声之妙。冷月今任暨南教席，又知予夫妇方习丹青，乃以讲师之资格，亲为指示其笔法，意殊可感。予因亦笑谓之曰：君变相矣。冷月亦自承善变，且云今犹在嬗变之中，不知彼未来之面目，将变至若何程度也。"

1930年七夕，星社第九年度文酒之会，程小青作《雪藕红菱图》(《巧果图》)并记,叹吴中社友已不及半矣。享誉文坛的侦探小说家程小青,还擅于诗词绘画,曾从陈迦庵学花鸟,加入苏州美术社团冷红画会,当选为画社委员。他平时不轻易动笔,每以绘事自娱,非自知己不赠予,故作品流传不多。

1932 年七夕,出席在苏州鹤园举办的星社十周年纪念雅席。

1934 年,与郑逸梅、陶冷月等分别为社友倪高风著《倪高风开篇集》作序。

1936 年 11 月 7 日,自苏州赴沪参加星社在社友周鸡晨家静好楼头举行的持螯会,持蟹赏菊间,泼墨挥毫,时陆抑非作一蟹,谢闲鸥作雁来红,程小青在菊丛间写蓝菊。

1937 年 2 月,蒋吟秋在苏州图书馆主办吴中文献展,苏沪两地星社社友约定于 21 日前往参观并聚餐合影,程小青出席。

陶冷月 1940 年作《金鱼四屏》,1942 年作《李白诗意图》赠程小青。

1944 年 5 月,社友顾明道病逝,家境窘困,上有老母,下有孤寡,无以赡养,程小青与诸社友一起作书画扇面三十柄,义卖款接济顾明道遗属。

1945 年 1 月,上海红棉画厅举办陶冷月画展和程小青书画扇面展,22 日《大上海报》载华海文《程小青书画扇面展》:"程小青为名侦探小说家,无论译著,皆脍炙

陶冷月《金鱼四屏》

人口，且为国内唯一有系统介绍英美名家侦探小说之人。所译著之《霍桑探案》《福尔摩斯》《圣徒奇案》《斐洛凡士》等，几乎妇孺皆知。其女公子育真小姐，亦为著名女作家，近于《小说月报》发表《我的父亲》一稿，深挚动人，读者无不赞赏。最近出版物零落，而程小青之侦探小说，仍不断的问世，世界书局于近年来，新书中以此项书籍销路最佳。程小青氏工于译著之外，兼擅丹青，所绘扇面，内外行一致称颂。本月二十二至二十八日，红棉画（厅）举行第一次名家个展，附陈程小青先生精品扇面，爱读程氏侦探小说者，想必乐闻也。"

1945 年 12 月 6 日，郑逸梅、程小青、陶冷月等同游黄园赏菊，陶冷月作《秋菊图》题赠园主黄岳渊。《永安月刊》第 80 期载此图之题跋："《访黄园》：我家靖节最风流，曾与黄花作伴游。三径年来寥落甚，却从何处去寻秋。无花何以遣芳辰，老圃荒凉半棘榛。幸是邻家秋色富，未妨破例一求人。日前与逸梅、小青同至黄园寻秋，向主人乞菊，承以旧皇袍、金佛座二种相赠。今日焚香静坐，对花兴发，因写此图报之。"

陶冷月 1946 年作《红梅》尺页二幅、《墨蕉》扇一把赠程小青；1947 年题旧作《澄波月明》图赠程小青通家兄。

1948 年，程小青女儿在美国燕禧，陶冷月作《设色芭蕉图》奉贺，《冷月画识》手稿横幅第三册 34 页录："海外团栾合卺时，彩笺递到稳佳期。芭蕉本是常春树，赠作

明珠蜜月诗。'吴郎横海订鸳盟，爱女词台负令名。细雨
蕉声听未足'（此小青兄《芭蕉》诗句），今朝沸遍管弦声。
三十七年五月三十一日，小青兄令嫒育真女士与吴敬敷君
在美结婚。是日，小青兄特在苏地教堂举行感谢礼拜，余
因事未克到苏，写此邮奉，借表贺忱。宏鱼陶冷月。"

1964年5月16日，程小青自苏来沪出席星社社友在
新雅酒家的聚宴，贺周瘦鹃、郑逸梅、陶冷月七十寿，餐
后合影。次日，父亲嘱我去山阴路寄爹暂住的亲戚家，奉
赠新作《牵牛花图》。

1972年9月30日，父亲应苏州东山望族席氏后人
之邀游洞庭东山，途经苏州，拜访程小青、参观市刺绣
厂、游狮子林、松鹤楼午餐后再往东山。

1975年10月13日，程小青来访，赠油印本《苏州
园林》诗稿一册，前言记一九七五年二月抄录，收入程
小青咏苏州园林七言诗十三首，计：沧浪亭、狮子林、拙
政园、留园、网师园、怡园、环秀山庄、西园、寒山寺、
虎丘、天平山、灵岩山及添附一首。陶冷月在封面题记
"小青兄到沪见赠　七五年十月十三日　冷月记"。一周
后，平襟亚在上海南京东路广州饭店招宴来沪的程小青，
郑逸梅、陶冷月等星社社友前往作陪。这次也是寄爹最
后一次来沪与星社诸友的聚会。80年代初笔者得知育德
哥、育真姐正在编集寄爹遗稿，便将寄爹所赠油印本《苏
州园林》寄苏供参考。1984年9月，育德哥将编集后自
费铅印的《茧庐诗词遗稿》题赠陶冷月。1986年我去苏

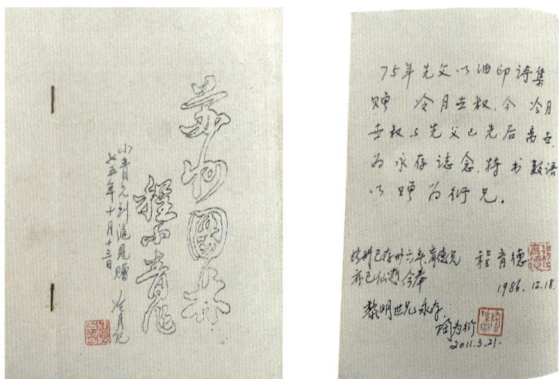

《苏州园林》诗稿油印本

州时，育德哥又在油印本扉页题记："75 年先父以油印诗
集赠冷月世叔，今冷月世叔与先父已先后离世，为永存
志念，特书数语以赠为衍兄。程育德，1986.12.18。"回
赠笔者。后育德哥、邓援嫂先后谢世，笔者将此册题赠
育德兄哲嗣黎明世兄归藏。

　　早年我曾向寄爹表示要借读《霍桑探案》，他说现在不适
合看这类书，寄了 1956 年出版的《她为什么被杀》，这本书
和他给我写的信都在浩劫时被烧毁了。

　　寄爹去世后，我和育德哥、邓援嫂一直保持着书信往来，
我每到苏州办事，总会抽空前往探望。1984 年 7 月 17 日，
应苏州市政协之邀，陶冷月画展在苏州博物馆举办，开幕首
日，育德哥、邓援嫂双双前往参观祝贺。同年 12 月 19 日，
苏州市政府、市政协在苏州博物馆举行陶冷月作品捐赠仪式，
育德哥应邀出席。1986 年，育德哥寄赠新再版的《霍桑探案》

《程小青文集》。1988 年 5 月 4 日，育德哥来函告知，笔者寄去刊登即将播放霍桑探案《舞后的归宿》报道的《上海广播电视报》收到，并告知有多家单位在出版或编剧"霍桑探案"时无视作者的著作权，对此深感无奈。1996 年 6 月 16 日，邓援嫂来函，告知育德哥已于 1995 年 4 月病逝。1998 年 11 月 27 日，邓援嫂来信，欣喜地告诉我一个月前儿子黎明应邀赴京出席首届全国侦探小说大赛颁奖大会，会上称程小青为引进和推出侦探小说的事业做出了努力，弘扬了法治精神、科学精神、人文精神。黎明代祖父领取杰出贡献奖和佳作奖，并在会上发言。2000 年 8 月 26 日，邓援嫂寄来刊有胡玉冰著《冷月教授》一文的 8 月 17 日《姑苏晚报》。2001 年 3 月 21 日，笔者赴苏将 1949 年后出版的父亲第一本画集"二十世纪中国画家丛集"《陶冷月》奉赠，嫂子签赠了一张寄爹的遗像给我永存留念。2004 年邓援嫂病逝后，每有先父的画集出版就奉赠黎明世兄。

　　寄爹的茧庐，在望星桥北堍沿河边，一条一米多宽仅可一人通行只往他们一家的狭长小弄，一到这里使你犹如进入了侦探小说里那种深邃而神秘的境地。然而 2020 年 9 月 8 日再次前往时，挂着"程小青故居"牌匾的茧庐大门紧闭，敲开门后，主人不在，几经解释，才辗转找到了育德哥的孙女婿，这时我才知道寄爹的长我一岁的孙子黎明世兄也已去世了。今年 6 月末，接寄爹曾孙女程彦来电，为再版《霍桑探案》及编集纪念文集正在四处征稿。为此，趁 7 月 18 日，到苏州市档案馆出席朱贤本绘陶冷月油画像捐赠仪式之际，约她一起参加，并借此机会扩展文友，筹措编集纪念文集之事。程彦为纪念和弘扬未曾谋面的曾祖父的艺术业绩而不遗余力，非常不易，寄爹在天之灵对此定会感到欣慰。

2023 年 11 月 5 日

第四章

风雅侧影

记侦探小说家程小青轶事

郑逸梅

在下和小青忝属同社，又时常晤见，知道他的事儿较详，特地把有趣味的记些出来，以应新月。

程小青很喜欢国粹画，花卉咧，山水咧，人物哪，翎毛咧，收罗得不少，且都是小册页，用那装嵌影片的硬纸夹儿夹着，著述之余，随意展玩，很足以怡情适性。他的夫人黄含章女士，近从顾仲华学画，已楚楚可观了。

小青收罗的画，逐页请人题诗，陈小蝶、范烟桥、黄若玄题的最多，又引动了他的兴趣，翻着诗韵，也吟起诗来。他是素不擅尖叉的，但作几首绝诗，很有王渔洋的风味，可见他的天才为不可及哩。

小青很擅长英吉利文字，他曾把自己的《霍桑探案》，移译英文，由某西女士介绍，寄刊伦敦某杂志去，想今后小青的声誉，大可和柯南道尔媲美呢。

小青担任吴语科教授，那吴语科是授西人以吾华言语文字的，所以他有好几个外国高足，能写华文，能解唐宋人的诗词。

小青有电影癖，乐群社和青年会，他是常去看电影的。他也能著电影剧本，曾为海上某公司著成若干幕，奈中有谋杀等案情，格于禁例，不能于银幕上演映。其时适《快活林》撰长篇说稿的不肖生抱病，《玉玦金环录》中断，独鹤写快信给小青，请他赶撰一短长篇承乏，他就把那剧本略事增损，逐日披露在《快活林》，篇名为《新婚劫》，计二万言，兹有某书贾谋为刊行单本哩。

小青的侦探小说，主脑为霍桑，助手为包朗，赵芝岩和小青过从甚密，又事事合作，所以吾们都承认他为包朗。如今芝岩寄旅沪滨，小青很有寂居失侣之感呢。

小青很有些欧化习惯，西人以十三为不祥，他从前为《侦探世界》撰《毛狮子》，恰为十三回，他觉得了，赶忙把它改成十二回结束。小青很喜欢在深林古墺间，闲步构思，好得他掌教在䣖溪天赐庄，地很幽僻相宜哩。

小青信教心很笃，生平足不涉花丛，办事又很有毅力，待人接物，十分诚恳，是小说界中难得的人才和人格。

小青的处女作，是投寄《小说月报》的恽铁樵。铁樵很赏识他，约他晤谭，并劝他治稗官必先治经史，所以小青于旧学很有根底，饮水思源，倒要归功于铁樵之一言呢。

小青有一天在庭中曝着衣箱，他忽地幻想着，这个箱里，倘装着一尸，那是多么，可怖啊！他因此构成空中楼阁，撰《箱尸》一书，如今这书已风行社会了。

小青某夜，独行坰野，觉风声呼呼于耳畔，有如鬼魅作祟，行愈快，那声也愈响。但他心中并不恐栗，反站定了脚，把头上所戴的通草帽儿摘下，仔细瞧察，竟被他发觉了。原来那帽儿的侧面，有两个小孔，风适紧贯其中，所以有此怪响。这事很可以证明古人说的妖由人兴这句话不错呢。

（载于《新月》1926 年第 2 卷第 1 期）

程小青生活琐记

徐碧波

程小青，原名青心，别署茧翁。幼年孤贫，赖母鞠育成长，读过数年私塾，没有进过正式学校，的确是一位地地道道的自学成才者。身躯颀然而长，体质强健，能言善辩，双目炯炯有光，具正义感，极端同情劳动人民而对纨绔子弟则侧目而视。总其毕生写作，古人所谓"著作等身"可以当之无愧了！中国侦探小说的发展以及他的创作，理该在百花齐放的文学园地中给予应有的地位。

夫人黄含章是乍浦人，和他同庚，平时很俭约，他们俩在苏州时曾租屋严衙前，不数年用积余的金钱，在天赐庄附近寿星桥（现名望星桥）北塊弄内，购买一块土地营造了十来间房屋作为定居之所。堂前有花木之胜，屋后兼有菜圃，空气清新，环境幽静，正是一所读书与著作的好地方。尤其他的卧室在后进书室楼上，建筑得四面有窗，一到夏季晶窗俱启，四面通风，比较楼下更为舒适，小青认为至乐之举，因为他是一个极度怕热者。更引为便利的，距离工作地点近在咫尺，又能腾出时间从事译述写作，很觉悠然自得。

他的母亲生了二男一女，弟弟名景海，从小不得已给郑姓领养，中年就去世了。还有一个妹妹名银宝，是嫁给一名陈姓商人的。小青自己也生了二子一女，长子名育德是化学教师；女儿育真东吴大学毕业后，去美国留学和一个粤籍侨胞结了婚；最小的名育刚，是内科大夫。他的三个儿女全部是大学毕业，都受过高等教育。

他酷好鱼鳗、羊尾等腥膻风味，有时兴至，即使在街头摊子上也会坐下来就食。衣着更朴实无华，就是身穿敝衣也能见客，于此可见一斑。但关于搜集文史古籍和中西辞书，则不惜重资购进。

中年曾从旅苏常熟名画家陈迦仙学绘花鸟鱼虫，很得老师三昧，抽暇绘赠友好，得者颇为珍视。

苏州在 1927 年以前，是没有正规电影放映院的，当时只在青年会、乐群社、新民社和城外普益社等教会礼堂临时租片放映。有鉴于此，他就和翻译家叶天魂、南社社员钱释云与笔者集资设计在五卅路公园里，创办了自己具有发电机设备（苏州那时经常停电）、可以经常放映日场的公园电影院，苏州市民群众对此较为满意。

1937 年七七事变之后，他经皖籍叶牧师的引导同周瘦鹃、蒋吟秋等与眷属一起迁地暂住黟县乡村，以避寇氛。当时除三位客地诗人，还添上当地的墨友互相联句作诗，以寄同仇敌忾的愤恨，而消永日。下一年，他们又相继离开，全在上海留止。瘦鹃住愚园路田庄，吟秋居长寿路养和村，小青由笔者招迎住在我家客堂里，地址在新乐路 100 弄 18 号（原名亨利路永利村）。在那段时间里他一面教书，一面著译小说，还另有一面为国华、金星等电影公司编写剧本，三头并进忙得不可开交，特雇一名司书人员由他口述笔录，甚至昼夜不停。这时候忽有几个汪伪分子要他在反动报刊上写稿，没有办法我就掩护他躲在笔者的三层亭子里战战兢兢地写作，总算免去了落水的灾难。不过他是一位爱国者，纵使有人威压也坚决不接受的。直到 1941 年，我因要撙节开支迁移到较小的房屋去，在那年冬季和他们分开居住。他起先搬至陕西北路 1350 号，不久又迁往高福里，最后在现名淮海中路的小桃园弄定居下来，一直到抗日胜利后回到苏州自己住宅内。

小青有时抽空喜到各地旅游，出门必以夫人为伴，除本地园林，近如天平、灵岩、邓尉、莫厘以及梁溪、西湖、金陵和桑庚、善卷诸洞，都曾几度去过。远处则三登黄山，二上北京，又旅游过湘桂与古长安，足迹所及泰半有诗词纪其萍踪。

1962 年夏季，是他七十岁虚龄的寿辰，设宴松鹤楼招待亲友，作者和郑逸梅同去苏州祝煦，当地的周瘦鹃、范烟桥、蒋吟秋和柳君然诸老友都列席欢宴，气氛十分热烈，宴后还摄影留为纪念。

（节选自《吴中耆旧集——苏州文化人物传》，

江苏文史资料编辑部，1991 年；

原标题为《程小青的侦探小说及其他》，现标题为编者所加）

茧庐寻踪

柳存仁

巴金先生的小说风靡了二十世纪三十年代成长了的青年男女，也赢得了他们苦闷中悲凄的同情和热泪。每天早晨，从上海公共租界西端的静安寺远驶虹口的拥挤的电车上，就看见不少的青年，学生也好，商店伙计或工人打扮的年轻人也好，连站立着的乘客也有一手紧举了吊着的藤环，一手拿紧折叠好的《时报》露出了《激流》今天的文字来追寻。年纪更轻的一辈，是大约十四五岁"情窦未开"的大孩子吧，他们经常咀嚼的营养品不是谈情感的小说，是神异诡怪的梦境，不然，就是勇敢冒险的故事。等到他们从奇情跑到理智和逻辑的领域里头去探索，爱看的就是侦探小说了。年轻学生们自己读书的选择，是细大不捐的。可是，在上课的时候夹在课本里面裹着偷看的私相授受的秘籍，常是平江不肖生的《江湖奇侠传》，这是任何孩子得了就会爱不释手的。我不记得程先生可曾参加过大东书局请周瘦鹃先生主编翻译的法国莫黎瑟·勒勃郎（也译为莫里斯·勒布朗——编者注）的《亚森罗苹案全集》。亚森罗苹是勒勃郎创造出来的侠盗，有时候也是偷香窃玉的剧盗。作者跟和他当时齐名的加斯顿·勒儒克司（Gaston Leroux）都是戈波留的后辈了。程先生译过不少美国的侦探小说，二十世纪二十年代后期出版范·达痕（也译为范·达因——编者注）的菲洛·凡士的几大部的"探案"，他一个人全译了，这几部分别以什么什么人物做名称的"探案"，它们一出来时的威风真令美国的侦探小说教世人刮目相看，而程先生的几部较后较迟的创作，像《八十四》《活尸》《催命符》《白衣怪》……这些绵密细腻的分析、推理和科学实践的应用，自然也是他翻译时取精用宏的、无形中的收获。

　　每年成千成万做计算单位的外国游客到伦敦，福尔摩斯故居听说是他们当看的"一景"。霍桑呢，上海爱文路七十七号他和包朗合住的寓所和办公室，坐落在哪里呢？我和程先生认识很久，但是多年来从没有拜访过他在苏州的家，就是

程小青故居——茧庐

在葑门寿星桥的茧庐，他曾作这些主要作品的地方。现在，寿星桥改称望星桥了。1992 年的夏天，我承章太炎先生的令孙念驰先生和一位封先生陪我同去，蒙主人程育德兄夫妇殷勤接待，让我在程先生当年的书屋徘徊了半天。这书房布置得很雅致，大约和主人生前的部署仍相仿佛。记得程先生昔年有《茧庐·咏家园》的一首《一剪梅》词，我记得，上半阕"桥畔幽居葑水西，曲岸风微，小巷人稀。向阳庭院有花蹊，春日芳菲，秋日纷披"，是咏的室外。下半阕"高阁窗前绿树低，晓接朝曦，暮送斜晖。闲来读画更吟诗，家也怡怡，国也熙熙"，咏的是室内本身。可惜我来得迟，见不到先生了。

归途中我在车上默想：眼前一带爱文路的几家两层红色旧楼房又显现了。进门前先得推开那半掩着的短铁门，咯咯的皮鞋得走上石阶好几步，这里望得见左边是一小块花圃。楼下办公室的灯光莹然，这么晚了里面还有电话声。是警署的汪银林么？倪金寿么？还是不认识的女子呢……老仆施桂白发也多了几茎了么？

外面急乱的电车路上发出了像音乐的当当声，车正要拐弯了。"霍先生在家么？"……

（节选自《外国的月亮》，上海古籍出版社，2002 年；
原标题为《程小青》，现标题为编者所加）

百年茧庐，风雅旧事

王　道

　　在近现代小说创作中，若是没有了中国本土的侦探小说的出现，恐怕一定会使得类型文学逊色不少。由此必须要提到作家程小青的《霍桑探案》系列作品。而对于程小青生活经历的追溯也就显得很有必要，恰逢程小青故居建成一百年（1923—2023年）之际，不妨来看看这处神秘的宅院里留存着怎样的秘密……

　　一百年前，出身贫寒的程小青靠着一支笔杆子和善于经营，居然能够在苏州城里买了宅院，命名"茧庐"。这处宅园位于姑苏城中内河之畔，门口有桥名曰"寿星桥"，为武康石所造，应为宋代原物。程小青住处名为"望星桥北堍"，即桥东北巷内。此地早期为天赐庄地区，有大教堂、教会学校、教会医院等，现在则有苏州大学和附属医院，程小青笃信基督教，不知是否与购买此宅有关。他接触了域外的侦探故事，从而洋为中用，创造出属于中国人的现代侦探传奇。

古城走出大侦探作家

　　程小青出生于上海，原籍安徽，因为兵祸才移居上海。可是在上海的生活却充满着艰辛和坎坷。父亲因病早逝，母亲带着几个孩子难以维持基本生活，后来只能把其中一个孩子送人养活。程小青自然无法继续上学，先是进入乐队打工，后又在钟表店当学徒。在学徒期间，他阅读了大量的时兴刊物，甚至还有国外的名著。因为受西方思潮的影响，上海很多刊物都在刊登国外侦探小说，美国的爱伦·坡、法国的勒布朗、英国的柯南道尔等，尤其是柯南道尔的"福尔摩斯探案"系列，给了程小青很大的启发。

　　或许是因为上海生活成本较大，程小青又正好受邀到苏州任教。在婚后不久，他们就搬到了苏州，程小青在景海女子师范学校、东吴大学附中教国文。在苏州居住期间，程小青感受到了从未有过的释然和轻松，古城环境古朴、静谧，且处处藏着古迹，园林秀雅，新交往的友人可谓是志同道合。除了认识了不少当地名士，还结交了一些外国名人，如博习医院院长柏乐文一家，还有美籍教授许安之一家。这些机缘，可谓都助力程小青增加对于外国侦探文学的认知，锻炼了使用英语的能力，从而使他的侦探小说创作得以飞速发展。在苏州期间他还受邀加入文学社团星社，社团刊物众多，更使他的诸多作品有了"用武之地"。

　　可以说，弯弯曲曲的姑苏小巷，过不完的小河，看不完的枕河人家，乃至神秘的千年古城遗迹，以及流传古今的传奇往事，都给予了程小青无尽的创作灵感。这一时期，可说是迎来了程小青的文学黄金时代。

程小青曾因为战乱不得不暂时离开苏州的茧庐，据《上海报》1938 年 8 月 2 日刊登的《程小青绕道来沪》中称："据程君云，去岁日军在金山卫登陆后，鉴于局势之紧张，乃拼凑得现金二千余元，一家八口，逃难他乡。先至南浔，旋又至安徽黟县。当时，因天气已冷，乃将夏季衣服，尽遗于南浔，免得途中携带不便。乃不料南浔房屋，付之一炬，所有衣物，损失净尽。"该报道中还称："当日军到苏后，曾赴程宅搜索，得军帽一只、军衣一袭、刺刀一柄。日军乃欲烧屋，然因无火种，故得以保全，此亦不幸中之大幸。"

《新京报·书评周刊》（2020 年）对于程小青报道专刊称："半个世纪以来，程小青通过自己的努力，坚持不懈地在文学杂志上介绍侦探小说和创办侦探文学杂志，他在总结自己对侦探小说的认识和创作心得的同时，也为创作侦探小说的后辈们提供了理论指导和展示平台，无愧于'中国侦探小说之父'的称号。"

茧庐蝶梦

初在苏州，程小青曾易居多次，但最后于 1923 年在望星桥埌购置了宅地建造了新屋。他特地在门上钉上一块铜牌，自书"茧庐"。显然是受了苏州人喜欢营造小园的特质的影响，中隐于林泉，看似不闻世事，实则暗暗营造着自己的广阔天地。

茧庐门前是一条十数步宽的巷道，朝东进入巷内的茧庐，则是一处三开间的小楼房，外观是姑苏粉墙黛瓦的印象，内里却有中西合璧的家具，现代居室的装修。书房里有着太多的西方著作，莎士比亚、

茧庐庭院

柯南道尔、医学理论、法医论述等。在不少英文医学书里，还有程小青做的标记。这位侦探小说家可不会凭空虚拟，他创作的侦探故事内容是建立在科学的理论上进行缜密侦查。程小青的卧室坐北朝南，前后都有通气窗户，这是因为程小青天性特别怕热。

让程小青最为适宜的是屋前屋后的花园，前院有花木，如冬枣、椿树、枇杷等，蜡梅、月季花、牵牛花、凌霄花、迎春花等，花坛装饰，爬藤奇曲，一派自然气象。后院则有豆荚、青菜、晚菘、韭菜、番茄等，不远处则是荒地，据说被程小青一度开荒，也是一片田园风光。程小青不只是爱文学，也爱丹青。他喜欢绘画，看过不少宋院画集以及古人写生，对于植物的描摹，对于天然的想象，都使他走进植园，

茧庐花园

欣赏各种嘉木花卉，以及菜蔬异果。凡物皆可入画。"栽得名花四季春，嫣红姹紫总多情。小园日涉备成趣，一片才凋一片新。"对于家园的花蔬，程小青总会在紧张的侦探小说创作之余，来一番闲吟。

在苏州，程小青忙着教书育人，多年耕耘，可谓桃李满天下，很多望族之后都是他的学生，比如：九如巷张家之大弟张宗和，后来考入清华大学历史系，他高中时国文老师就是程小青。因为接触了大量的新鲜生活，程小青在阅读了类似《洗冤集录》等中国古典法医书后，结合现实，于是就有了更多的侦探传奇产生。

苏州人自古有以文会友的传统，程小青与同道周瘦鹃、范烟桥、郑逸梅、蒋吟秋、刘半农、徐碧波等成为非常要好的朋友，乃至成为文学上的合作伙伴。程小青和周瘦鹃、刘半农等合译的"福尔摩斯探案"系列，销售热火，成为出版界的亮点，后来一版再版，连绵不绝。而程小青笔下的《霍桑探案》也形成了 30 种之多。《霍桑探案》成为侦探小说的重要之作，可谓奠定了他在这门类型小说创作之中的经典地位。

一部部充满悬疑和正义的侦探小说从茧庐出炉，走向上海，乃至全国，甚至被改编成为电影，吸引了万千观众。2019 年还上映了电影《大侦探霍桑》。这里值得一提的是，苏州最早的专业电影院还是程小青与好友联合投资创办的，而且用的是德国设备，院内有五百个座位，还安装有电风扇。

不知是不是巧合，程宅邻近双塔菜场，这处因为"苏州码子"而著称的新式菜场已经成为网红打卡地。苏州码子用于古今商业，也出现在"福尔摩斯探案"影视作品中，附近望星桥头则住着"中国福尔摩斯"的作者程小青。

美国汉学家金介甫是研究中国小说家的专家，如其《沈从文传》就有着极大影响，金介甫对于程小青的小说同样有着别样评论，他说："我得承认，程小青对上海都市生活的描绘，是比李（欧梵）老师写到的那些最优秀的作家更肤浅的。比如写现代文化，程小青就没有张爱玲敏锐，尽管张爱玲的风格也不是现代主义的，程小青的风格当然也不是现代主义的。"但是金介甫却如此见解："我喜欢的是程小青小说里故事情节的错综复杂和别出心裁。他对于社会的看法也有一种天真的理想主义。程小青的小说要比李（欧梵）老师写到的那些作家的作品更流行，但我喜欢他的故事情节。就像很多五四作家一样，程小青也有一点宣传的色彩。比如他喜欢为'科学'代言。当然后现代文学批评（虽然我不会把李老师放到这个类别里）不太看重情节。对于情节的分析在文学批评领域已经不流行了。"

"就像早期（1920 年代）的五四一代作家一样，程小青是科学和法制的坚定支持者，他也不惮于把这些东西体现在他的小说里。"金介甫认为，程小青的侦探小说更接近平民的生活日常，而且对于现代文化则具有一定的启蒙意义，这恐怕是一个文学家没有想到的。

同道中人，风雅生活

程小青虽出身寒门，但对传统丹青却是极为热爱，加之在江南文化的熏陶之中，更使他亲自动手一试身手。

程小青受邀加入星社之后，不时在星社刊物上刊登非侦探小说，如社会小说、散文、小品等。如创刊号上就吆喝起来："中国柯南道尔来反串社会小说了！"庞家鹤园，程小青与社友们雅集赏玩金石、博览名画法书，品尝张公大谷梨、梁侯乌椑之柿。苏州老茶馆吴苑深处、美食荟萃的城中饭店、盛夏的画舫等都留下了他们的身影，程小青跟着社员们玩谜语、雀牌，行酒令，享受各种果酒、啤酒、饼饵、果仁等。可谓是享尽文人雅兴。

在苏州期间，程小青因为收入来源较多，曾于 1937 年继续增加宅地，并加盖新房，毕竟家中人口增多，儿孙辈来聚会都需要有个宽松的居所。况且程小青的朋辈也多，不只是同龄人，还有一些忘年交。如作家陆文夫就是其中一位。

说到陆文夫，就使人想到他的代表作《美食家》。当有人问及他是否懂得烹饪时，陆文夫则自述，他的美食经是受到了几位前辈的影响，当时有周瘦鹃、范烟桥、程小青等人的影响。当时他们有个文学小组，陆文夫也在其中，小组每月要召集两次小组会议，名为学习，实际上是聚餐，到松鹤楼去吃一顿。"那时没有人请客，每人出资四元，由我负责收付。周先生和程小青先生都能如数交足，只有范烟桥先生常常是忘记带钱。每次聚餐，周先生都要提前三五天亲自到松鹤楼去一次，确定日期，并指定厨师，如果某某厨师不在，宁可另选吉日。"也就是在那个时期，陆文夫认识了很多苏州厨师。更记住了几位前辈对于美食的品赏之道。

程小青能吃得起好馆子，但也喜欢街头的小吃摊，即使是简陋的烧烤店，他也可以吃得有滋有味。

苏州人是喜欢喝茶，尤其是本地碧螺春。程小青、范烟桥、顾公硕、汪星伯等人的雅集，自然离不开品茶。周瘦鹃曾在《苏州游踪》里写道："品茶专家汪星伯兄忽发雅兴，前一晚先将碧螺春用桑皮纸包作十余小包，安放在莲池里已经开放的莲花中间。早起一一取出冲饮，先还不觉得怎样，到得二泡三泡之后，就莲香沁脾了。"最是紫藤舒蕊处，竹缨串串叶青青。程小青记得这是他们在拙政园见山楼的雅集，拙政园的荷池、垂柳、回廊、古亭，以及文徵明手植紫藤都给他留下了深刻的印象。

而陆文夫自从与程小青相识后，便成为一生的知己。他们不只是在苏州园林喝茶、老字号聚餐，更是时时有来有往。

程家花园有的是好看的花卉，譬如月季花就是女儿从美国寄来的稀有品种。"占尽春花谁不羡？秋来依旧斗芬芳。"程小青为了这些月季赋诗多首。自然也乐于剪来与友人分享。

程宅家风共焕然

2023 年初秋的一天，当我再一次走进久违的茧庐时，仍对程小青的创业精神大为钦敬，希望能够把程小青先生与苏州的文化渊源好好追溯一番。

程小青，一位普通的文人，两次购房和建房，并参与过经营三轮车公司、种田、出版分红等，确保一家人在苏州落足，过上了小康生活。并使得他的后辈能够学有所成，从而继续继承家学，如对古典美的热爱，对于家园的整修，对于小园的营造，以及对于世交老友的联络等。

遥想程小青在抗战时期，一度携家人离开苏州，在安徽黟县一个小山村里避难。那里是一处风景秀美的山村，而且又是徽商发源地之一，当地有名门望族，建有叶家祠堂和藏书楼。

后来避难地点转移，他们取道浙江去往上海。当时从上海回苏州很为方便，但是程小青家宅已经被苏州监狱的典狱长占用。而且程小青不愿意进出苏州城向日本兵低头鞠躬，因此无论如何不愿回苏州看看旧家。宁愿在上海隐藏，继续作侦探小说，只是发表时，不用真名，而用笔名"程辉斋"、"金铿"。在此期间，有汪伪政权的人请他写稿，被他拒绝，潜居在好友徐碧波家继续工作。

程小青的女儿程育真女士曾与父亲一道投入小说创作之中，为此她还专门写过关于对父亲印象的文章。当很多人对民国时期的女性作家印象还停留在张爱玲、苏青、凌叔华等人身上时，其实在民国时期，文坛上还涌现过另一些极具个性的女作家，尤其是像程育真这样具有家学的作家。

1946年程育真在程小青主编的《新侦探》创刊号上发表译作《我是纳粹间谍》，在20世纪40年代，她发表了大量的散文、小说和译作。直到有一天父亲让她去留学，她在美国哥伦比亚大学研究院主修英国文学。程育真先后出版有《天籁》《伟大的爱》等。有人说，程育真就是当时"青春派文学"的代表。在少年时代刚刚开始文学创作的时候，她的笔名就叫"白雪公主"，她的文字率真而蕴藉。当她在美国结婚时，当年的东吴大学的校刊还为此刊发一则喜讯。婚后，程育真和丈夫吴敬敷在纽约创办了日报，程育真担任编辑之职。夫唱妇随。直至退休后，程育真还回到苏州探亲，她回到了梦中的茧庐，再次回味与父亲在这里的温馨时光。

如今的茧庐里依旧是生机勃勃，石臼、旧花盆散落于杂草和大树间，后院还有橙红的橘子挂树头，菜畦一垄垄长势大好。

第五章

怀思怀想

怀念爸爸

程育真

黑黝黝的夜里，我独个儿点燃了一支烛。

就在这淡淡的一圈光影里，我默默地临窗而坐，我记得清楚，那八月八日的爸爸节，上海曾隆重地纪念这个节日，而在岗峦起伏、荒凉的莫干山上，我只能用心灵来怀念与感恩。

一想到爸爸，我的心自然地跳跃起来，许多喜悦的浪花卷上我的心头，是的，我比别人更幸福与满足，因为我有一个理想的爸爸。

为着子女，他负起了一副顶沉重的生活的担子，每天每时他在工作，挣扎，奋斗，以血汗辛劳的代价换取儿女的饱足与温暖，爸爸是一直在牺牲自己，直到现在依旧如此。他愿意牺牲自己的乐趣，却不让子女触着生活艰苦的礁石。那是怎样的一种爱？

每一个深夜我看爸爸埋头工作，乌黑的头发变得稀白了，牙齿动摇了，爸爸宝贵的年华都交付给逝去的洪流，有时候他对着镜子自叹说一声"年纪老了"的时候，我们心中因此涌起许多复杂的情绪，感激，渐恋而歉仄。

爸爸爱我们却不放纵，爸爸管教我们却不冷酷，我们是在温柔、慈祥、循循善诱的环境中长大了。

四岁那年，爸爸把我整个儿交给了学校之后，让一个怀着热情天真的孩子领略到朋友师生之间的情谊，书本的知识，人情的冷暖……以后中学大学，仿佛是遇到波浪暗礁，然而在爸爸的爱护中又平稳地过去了。我已经长成大孩子了，而爸爸常写信来关怀到我的身体与温暖，从爸爸充满着慈祥同情牺牲的心怀中我领会到爱的真价值。呀！我将如何述说爸爸的恩赐呢？谁说爸爸是严肃的？我的爸爸是理想的，是值得儿女骄傲的！

然而，我将如何怀念如何感恩呢？朋友的意思应该买一些平时爸爸心爱的东西送给他，再不然默默地在爸爸的书桌换上一束美丽的鲜花。可是我说这些都不足以表示心情于万一。我愿意双膝跪在上帝面前，轻轻地为爸爸的健康祝祷。心灵的感应，彼此的祈祷，没有别的方法比它更有意义了。

夜更深了，万籁俱寂的光影之中，我默默跪下！愿神的祝福临到我可爱的爸爸。

我相信，那时候爸爸的双膝也一定跪在上帝面前的。

（载于《新闻报》1946 年 8 月 21 日）

一捧温暖的大理花

陆　绮

2023 年 3 月，我在苏州。散步时从带城桥溜达到了望星桥北堍。忽然心有所动，想看看我六十年前去过的程小青故居现在怎么样了，就走进了故居所在的小弄堂。弄堂还是旧模样，窄而短，程宅门楣上有旧址标识。我想好了进门后的开场白："我是陆文夫的女儿，我从前……"敲门，拍门，都无回应。继而趴在门上通过门缝张望，仅见一辆电动车，无人。遂失落而去。

如有神唤。半年后，我收到了程小青先生曾孙女程彦的微信请求。联上后，得知程小青先生的《霍桑探案》会重版印刷。程彦说，再版的代序仍会用我父亲的文章《心香一瓣祭程小青》，并希望我写写她从未谋面的曾祖父母。这有点难度，因为当年跟着父母去程宅拜访时，我还只是一个十岁的小女孩。六十年的间隔，再好的记性也会被时光打磨得失去锐度。但，这样的请求怎么能拒绝呢。

所以，我试着把我一家人在程宅的一个美好下午回忆起来。

父亲陆文夫与程小青先生的老少情谊，都深嵌在他的散文《心香一瓣祭程小青》中了。那是一种"从来不需要想起，永远也不会忘记"的铭心而又温暖的记忆。其实，只说老少情谊，是低估我父亲对程先生的挚爱深情了。都说，陆文夫是"陆苏州"。但，多年前，当他因书写"小巷人物"而倒霉时，苏州的某些"江东父老"，也是很不待见他的。抬头相遇，避之不及。唯程小青先生这样纯良的，除却功利考教的人，才会"骑着自行车从大街上走过，见了我不是点头而过，而是老远便跳下车来，站在马路上和我谈半天"（摘自散文《心香一瓣祭程小青》）。一片冷落中，程先生的热忱与关爱，如暖色浮起，使人心香绵绵，无尽思念。

1963 年的秋天。某个礼拜日的下午。我们一家从铁瓶巷出发，到望星桥堍的程小青住宅拜访。一路走过乐桥头，饮马桥，凤凰街，进定慧寺巷，折向望星桥北堍……那天我穿了新衣裳，天蓝色灯芯绒外套，领子上镶了紫红色的滚边，插袋上也有镶边。我着了新衣裳，出了门就鲜夹夹（方言，指激动、开心），东问西问，闲话很多。

程小青先生在我眼里是温和慈爱的老人家，个子不高，跟街上的普通老阿爹没什么区别。稍长后，听我父亲说，程先生是写侦探小说的作家，其作品《霍桑探案》曾经非常流行。关于这件事，当时我想，程小青阿爹那么亲切温润，没穿有肩攀的风衣，也没有戴那种扣在眉毛上的笠帽，而且，一定不会开枪，怎么会是侦探呢？

我被程家好婆拉着手走去花园看花。好婆还不停地夸我长得好看，衣裳好看。我很得意，扭来扭去。被妈妈警告：不要翘尾巴。

程小青阿爹的花园打理得整齐、清爽。没有不可靠近、不可触碰的名贵花木和盆景，就像两位平易和蔼的老人一样。

程家好婆把我们领到一丛大花前，哇！什么花哦！太漂亮了，花朵像面碗那么大。花瓣重重叠叠，从内到外，大小有序地环列着，像图案画一样规整美丽。丝绒样的紫红色、金红色的花朵，在阳光下鲜艳灼目，闪闪发光。

1963 年，我们没见过大理花。至于公园里有没有，当年我们年纪小，花卉知识少，反正也没参观过。我和妹妹尖叫着扑上去，还用鼻头去闻有没有香气。程家好婆告诉我妈妈：这叫大理花。我妈惊诧地问：云南的大理吗？老远老远的地方？

程家好婆看到我们小姐妹这样的欢喜雀跃，也开心得不得了。她拿了一把大剪刀。咔咔咔地剪了好几枝放在我的手中，她还把花丛中更深的大花拉出来，一使劲，拽倒了一片，断了好几个大花苞。我妈妈一个劲地喊，谢谢好婆，够哉，小孩子有几朵白相相（方言，指耍玩）就可以了。她喊归喊，程家好婆剪归剪。一歇工夫，我已经抱上了一捧大理花。

剪完花，我们蹦蹦跳跳回到程家的小楼中，我爸和程小青阿爹正在喝茶聊天。程家好婆稀里索落，拿出一只印花马口铁罐头。伸手进去，抠出两粒奶油糖，要剥给我们吃。糖纸粘得太紧了，撕了好几下，都剥不开，我们姐妹急吼吼地，连着糖纸一起含在嘴里了。程小青阿爹说："糖果是育真 60 年从美国寄来的，坑仔（方言，指藏）三年了。我们人老，牙齿不行。等小朋友来吃呢。等着等着，都烊了。"

程育真是程小青先生心爱的女儿，东吴大学的高才生。她在学校时就发表文章，在苏州有点名气。后来出国求学，留在外面了。这一留，世事变幻，亲人远隔。1960年她在美国听闻了这边的困难。焦急，牵挂。开始给苏州的家人寄食品。糖果颗颗粒粒，带着女儿的拳拳孝心，飞洋越海而来。马口铁罐头封得很严的，怎么会烊呢？一定有程家好婆的思念之泪滴在里面了……我们姐妹含在嘴里的糖果，包裹了多少亲情多少爱啊。

程家好婆继续用力在铁罐里抠啊抠。糖粘得太饼（方言，指糖烊成很硬的一块）了，再也抠不出一粒来了。她盖上盖子，把铁罐子往我妹妹怀里塞好，说，小妹妹抱回去吧，叫你妈妈撬一撬。慢慢吃。

夕阳下，我们一家，妹妹抱着糖罐子，我捧着大理花，开心得像两只小喜鹊，叽喳喳地离开了望星桥北堍。

程彦，我之所记，是你从未谋面的，善良慈爱的曾祖父母；是你祖宅中，美丽蓬勃的大理花；是你的育真姑奶奶寄来的糖果。我替你相遇，相见，含化了。并珍藏于心，六十年。

忆程小青先贤

郑有慧

　　日前承蒙为衍叔叔（陶冷月公哲嗣）邮笔者一幅《岁寒三友图》，此图是 1944 年秋在冷月公的风雨楼，贺陶冷月五十寿庆时的一幅多人合作画。画内有周瘦鹃、程小青、范烟桥、蒋吟秋、严独鹤、徐碧波等诸先生的创作，陶公首题，并注明由郑逸梅并记……这是星社聚会的一段佳话和掌故。

　　今年是程公小青先生诞辰 130 周年，10 月 12 日是他老人家 47 周年的忌日。

　　刚看到为衍叔叔发表纪念图片，又一次勾起我的回忆……我与小青公未曾谋面，他离世太早，那时我刚入门书画领域不久；但是时常听祖父在家提起此名，并了解原来大名鼎鼎的《霍桑探案》，即是小青公撰写，因此心底常常会波动和崇敬。

　　今年小青公曾孙女程彦女士，到沪为其尊曾祖父举办纪念活动，邀了诸多故交后裔聚会，并在当年的新雅饭店合影留念，煞费苦心，兢兢业业；并编辑书籍，计划于明年出版小青公有关书籍及传略作品。

祖父有一事颇为遗憾：小青公八十岁时来沪，祖父和徐碧波、平襟亚、陆澹安等打算为他祝寿，已经定了日期，他却回信给祖父婉言辞谢，祖父和碧波公赶到他沪住址劝慰，他很坚决说："不敢叨扰，这是虚年龄，容明年再谈。"岂知这是最后的一面……

程小青公，后人永远怀念。

写于癸卯冬至前数日

他们因侦探小说结缘

——祖父严独鹤与好友程小青

严建平

祖父严独鹤与程小青先生是相知几十年的好友，他们因侦探小说而结缘。祖父早年曾经在广方言馆系统地学习过英文，加上自身对于英语的热爱，他的英语在当时处于较高的水平。1913年他进中华书局英文部当编译员，后来虽然去《新闻报》主编副刊《快活林》，但与中华书局的关系一直未断。1916年中华书局出版由严独鹤、周瘦鹃、程小青、天虚我生（陈蝶仙）、天侔（严晥滋，祖父三弟）、李常觉、陈小蝶、包天笑、刘半农、陈霆锐等十人用文言文合译的《福尔摩斯侦探案全集》（共十二册），祖父应该是起到了推动作用的。也许在那个时候，祖父就与程小青先生相识了。他们都崇仰"私家侦探"，祖父在这套全集的序中说："私家侦探者，必其怀热枕（忱），抱宏愿。如古之所谓游侠然，将出其奇才、异能，以济法律之穷而力拯众生之困厄者也。"而程小青先生则是塑造了私家侦探霍桑这一典型人物。

祖父于 1914 年 8 月担任《新闻报》副刊《快活林》主编，为吸引读者，自 1916 年 11 月至 1918 年 3 月，在《快活林》组织策划了一系列有奖征文比赛，栏目名曰《快活林夺标会》，共 7 课。1916 年 12 月，《快活林夺标会》公布第一课题目，为"短篇侦探小说"《灯光人影》。至 1917 年 2 月 23 日至 25 日公布投票结果，小青（即程小青）名列"夺标者"第二名。小青早前已有侦探小说《左手》《花后曲》刊登在《中华小说界》等杂志上。这次在《快活林》上的应征之作，则促使他创作了第一篇"东方福尔摩斯"故事，从此青史留名。亦可见我祖父策划这一活动的成功之处。

至 1923 年，祖父和程小青、陆澹安、施济群、赵苕狂等创办了《侦探世界》（半月刊）。中国侦探小说的发展始于晚清文学翻译浪潮中，作品创作很大程度受到了西方翻译文学的影响，但也逐渐形成了自己的特色。侦探小说成为通俗文学中最受欢迎的类型之一，广受读者的喜爱。《侦探世界》的创办，对侦探小说在中国的推广和本土侦探小说作家的成长，起到了至关重要的作用。杂志刊登的作品几乎囊括了那个时代主要侦探小说作家的名篇。祖父作为经验丰富的大报副刊主编，在新闻出版界已有相当的号召力，他为人和善，人缘极好，因此许多朋友都乐于和他合作办刊物。为了友谊，也出于职责和兴趣，他乐此不疲。小青先生是主编之一，还是主要作者，他在杂志上发表了《霍桑探案》中的《怨海波》《第二号屋》《毛狮子》《舞场奇遇记》等篇章及《科学的侦探术》

《侦探小说作法的管见》等创作谈。被誉为"中国现代侦探小说第一人"，是"东方的柯南道尔"。《侦探世界》办的时间不长，但祖父和小青先生一直保持着很深的友谊。

在祖父的文章里记叙着和小青先生的交往。祖父是喜欢旅游的。大约是《侦探世界》创办前后，他与两位友人一起去苏州，到的那晚正好下大雨，此行他们是和小青先生等苏州友人相约作天平之游。但当时小青先生在东吴大学附中任教，居天赐庄。道远时晚，无以通消息。他们仅给赵眠云打了个电话，说已经来苏。是夜人皆甚困惫，乃早睡。翌晨七时许，犹各拥衾酣卧，忽闻敲门声，问何人。答小青。众人皆大喜跃起。原来担心小青为雨所阻，未必至，则游兴败矣。现在小青至，知此行必不虚。乃启户延入，略谈数语，而程瞻庐、赵眠云、范烟桥三位老友相继而至，于是共乘一舟，冒雨出游。

还有一次是 1932 年春，祖父携祖母赴苏州看望周瘦鹃、程小青等老友。到苏的第二天，程小青伉俪来访，即约祖父他们同往虎丘，作半日之游。祖父这样写道："小青夫人及予夫妇乘马车，小青则驾自由车（即自行车），小青长于侦探小说，其举止行动，亦精明强干，饶有私家侦探风趣。一路同行，自由车常超越马车之前，小青坐车上，双轮飞动，凌风而进，似甚得意。"

九十多年过去了，斯人已逝，但小青先生骑车凌风而进的英姿仿若眼前。

江东人物肯沉浮

——柴德赓日记中的程小青

柴念东

———————

一

1955 年 9 月，柴德赓从北京师范大学调动至江苏师范学院，来到苏州。此前江苏省属高校没有历史系，这一年省教育厅决定江苏师院历史科专升本，特从北京引进一人才，由柴德赓主持系务工作。柴德赓南下苏州，除了任教，还另给他一项任务。

12 月 1 日，民进中央副主席王绍鏊到苏州做工作访问，通过中共苏州市委统战部与柴德赓取得联系（二人在京已很熟悉），共商在苏州建立民进基层组织的计划。王绍鏊和范烟桥都是吴江同里人，王把范介绍给柴德赓，要他们共同负责苏州民进地方组织的组建。柴德赓初来乍到，人生地不熟；有了范烟桥这个向导，很快和周瘦鹃、程小青、蒋吟秋、谢孝思、顾

1962 年 8 月 29 日程小青（右）与柴德赓（左）在颐和园，程育德摄

公硕等人建立了联系。组建民进地方组织，除了工作联系，私人交往亦很重要。柴德赓虽是史学家，但文学功底较深厚，可与这些文学艺术家们畅聊始终，后来他们成为第一批加入民进的会员。苏州民进最先成立了三个支部，文化支部、师院支部和中小学教师支部；范烟桥、周瘦鹃、程小青、蒋吟秋等人均在文化支部。

　　比较有意思的是，程小青（1893 年出生）、范烟桥（1894年出生）、周瘦鹃（1895 年出生）、蒋吟秋（1896 年出生）四人依序排列，各差一岁；当时苏州还有一位文化名人汪旭初（1890 年出生），已先期加入民革，这五人也算是苏州的"五老"。但是，人们习惯称呼的"苏州五老"指的是王伯祥（1890 年出生）、章元善（1891 年出生）、顾颉刚（1893 年出生）、叶圣陶（1894 年出生）、俞平伯（1900 年出生）这五位。王伯祥等五老都离开了苏州，为在北京的文史大家；而汪旭初等几位是成为文化名人后在苏州的。仔细计算一下两组"五老"出生年的平均值，竟然都是 1893.6，这个巧合真是有意安排的。这里给我们一个启示，这十个人出生的年代，遇上社会变革、思想文化大转变的时代，给了这十人充分发挥个人才华的舞台，怪不得苏州人很自豪，这里出现了众多的大家。

在柴德赓日记里，程小青的名字出现过 70 余次，几乎都是参加民进的组织活动，名目繁多的会议，江苏省的政协活动，等等。在柴德赓日记里第一次出现程小青的名字是在 1956 年。

3 月 5 日："推定出席、列席省政协名单。"

这个时间信息交代了程小青何时开始议政的活动。当日参加江苏省政协会议的名单里，柴德赓、范烟桥为出席，程小青为列席。当时民进苏州筹委会尚未成立，几个骨干已正式加入民进组织。参加政协会议是以各党派、社会团体为单位，而加入了民进即可成为民进的代表出（列）席政协会议。程小青、范烟桥等人此时都是有组织的人，成为出（列）席代表，直接参加省政协的活动。

从 1957 年起，柴德赓日记里记录了民进的各种会议活动，基本都是无休止的检讨、批判、斗争、群众发言等。在这里摘录这些政治运动的记录，未免显得枯燥乏味，但是经过整理归纳，可以发现程小青是参加会议最少的，即使是必须参加的各类批判柴德赓的会议，也是发言最少或发言最短的。

从此可以看出程小青厌倦无谓的政治活动，这和他擅长的逻辑推理、本质分析毫不相干。

1960 年，柴德赓在日记中对民进中不少人做学问做了许多记录。

11 月 25 日："程小青同志投书欲写徐俟斋卖画事，嘱为收集资料。"

程小青给柴德赓写了一封信，告知想写"徐俟斋卖画"一文，欲搜集资料，请教柴德赓有哪些材料可以采用。其实程住在望星桥北堍 23 号，而柴住在望星桥南堍的螺丝浜 8 号，距离并不远，拐着弯儿走也就一里步程。写信是表示客气，给一个准备的时间，不贸然唐突地登门。哪想到，柴德赓如同一本字典，随便一翻就找到答案。

11 月 26 日："诣程小青家送书。（《鲒埼亭集》二册，《文献征存录》一册，《碑传集》一册，《居善集》八册）"

可以看到，第二天柴德赓诣程小青家，送去研究所需书籍。

12 月 1 日："给程小青送去《徐俟斋年谱》。"

"徐俟斋，名枋（1622—1694 年），字昭法，号俟斋，长洲人。少詹事汧长子，举崇祯十五年乡试。南都失守，汧赴水死，枋隐灵岩之上沙，卖画自给，终身不入城市。事迹详见王峻《艮斋文集·徐先生枋传》，叶燮《已畦文集·徐俟斋先生墓志铭》。"这段话出自柴德赓《明末苏州灵岩山爱国和尚弘储》。

1960 年陈垣八十寿，柴德赓曾总结老师的学问：宗教史研究是开风气之人。柴德赓自叹没有从老师那里学到这方面的学问，要加倍努力，于是就近取材，开始搜集苏州地方史料，筹划撰写灵岩山爱国和尚弘储。何为"爱国"，在清代之初表现为"不降清"，这一点在乾隆四十一年（1776年）是有定论的。柴德赓和民进同人陪同北京来访学者多次登灵岩，寻访材料。徐枋是弘储的弟子，柴德赓对于徐枋事迹搜罗细致，十分关注徐枋的遗民情结。因此程小青一问便应，把自己研究用的书籍先借予参考。柴德赓研究的不是徐枋的卖画情结，而是与弘储的师徒关系，思想上的联系。作为苏州人的徐枋在遗民气节上应有很多可歌可泣的故事。当时程小青想到这点，柴德赓也是想到这一点，在遗民气节的研究问题上，二人的观点基本一致。

此是第一例。几个月之后。

1961年3月24日："程小青言近正拟写'画网巾先生'。余语以见《画网巾先生传》否，则云不知。所据盖《石匮书后编》（疑为《石匮书后集》）附录，程急欲余为找出。晚间从《续古文辞类纂》中觅得，作者宋潜虚，桐城人，不知何人为之作传，当别考。然可以告小青矣。"

3月25日："即以书送交小青。"还是如此雷厉风行。

宋潜虚即戴名世（1653—1713年），号药身，晚年号称南山先生。江南桐城人。死后，讳其姓名而称之为"宋潜虚先生"。戴名世因其《南山集》中有《与余生书》一篇，引述南明抗清事迹，后被告发，吃了官司，被捕下狱。康熙五十二年（1713年）被杀于市，史称"南山案"。而《画网巾先生传》是戴氏的一篇文章，"网巾"是明朝时的一种头戴装饰。文章叙述了顺治二年（1645 年），明遗民（"画网巾"先生，未知名姓和官职）由于不屈从于"剃发更衣冠"法令而被捕入监，被迫摘掉网巾。即便如此，先生仍在额头上画一个"网巾"，以表示忠于故明，与新朝水火不容。这个关于遗民情结的故事引起程小青的关注。于是柴德赓全力支援，以书籍助研究。

这是第二例。

日记中还有民进同人参加市政协组织的文物考察的记录。

1961 年 11 月 25 日："七时半乘校车至阊门南星桥码头，晤汪老、公硕、小青、烟桥诸公。八时开船，舟中设藤椅、靠垫，极舒适，过宝带桥，日光照水，潋滟无灿，四望烟波、方知江湖之乐。十二时抵甪直，至公社，进食堂。二时用膳毕，始游保圣寺。"

保圣寺位于甪直古镇，始建于南朝梁天监二年（503 年），存有唐代杨惠之所塑十八尊罗汉（现存九尊）。1918 年顾颉刚曾应叶圣陶之邀观摩塑像，经考证为唐代真迹。十年后蔡元培、叶恭绰、马叙伦、顾颉刚等呼吁集资修建保护，得以善存至今。1960 年 10 月顾颉刚曾到苏州小住，这期间到柴德赓寓所，二人畅聊苏州掌故，保圣寺话题必在言谈之中。1961 年 3 月 4 日第一批全国重点文物保护单位名单发布，苏州共有 6 处，保圣寺罗汉塑像在榜。这次由政协组织的参观保圣寺活动，即为实地考察。柴德赓 1958 年 7 月 16 日日记就提过甪直，一直想前去一观。日记结尾有："数年来与晶晶（江苏师院历史系学生）屡约一游甪直，今日始偿此愿，不可不告晶晶也。"

柴德赓日记中另一个有趣的记载是，关于民进市委会的几个主要负责人各自的特点，有个形象的描述。

1961年1月31日："午间至顾公硕家，顾言，文化支部小组会，蒋吟秋似少坐，四平八稳；谢孝思似里子老生，不出问题；范老如花脸，劲头足，但丢刀失足，易出洋相；程小青似老生，亦只可上文明戏中老生，大段说白；周瘦鹃似娃娃生，偶唱西皮摇板，已则一小丑，扮演宫监之类，任务交代，立即站向一边。此言近于戏谈，然刻画深入，亦可寻味。与范崇鑫言之，相对辴然。"

顾公硕把苏州民进文化支部的几位名宿刻画得如此深刻，那一代文人都深谙戏剧行当，人人通晓戏曲人物，程小青被顾公硕定位在老生这个角色上。

提及鸳鸯蝴蝶派的代表人物，通常指张恨水、包天笑、周瘦鹃等知名作家，其实程小青也算。程小青以侦探小说擅长，侦探小说属于大众娱乐的文化题材，有广大读者群。

1963年1月28日："至谢孝思同志家（幽兰巷24号），范烟桥、范崇鑫二位先到，共谈北京民进中央会议情况。程小青同志来，即共叙谈，谢孝思招待晚饭。携回《鸳鸯蝴蝶派研究资料》一册，魏绍昌编，灯下细阅，方知鸳鸯蝴蝶派文人甚多，时间甚长，许廑父亦其中之一；范烟桥、程小青、蒋吟秋、周瘦鹃外，蔡夷白亦常投稿，唯东藩先生始终不参加，自写其《通俗演义》为难能也。"

这段日记写得很长，对鸳鸯蝴蝶派有个概括，可以看到，程小青也曾是鸳鸯蝴蝶派作家队伍的重要成员。

二

1962 年，柴德赓借调至北京大学审核高校历史科教材并讲学，为期一年，调令已于 6 月到江苏师院，行前历史系教学和民进工作都需要交接，那段时间比较繁忙。这一年正是程小青七十寿（苏州人按旧历计），他作《七十述怀》三首，前有小序："行年七十，历经忧患，伏枥老骥，欣逢盛世，抚今感昔，情无能已，付诸吟咏，敢求郢政。"（后刊载于《茧庐诗词遗稿》）

7 月 17 日："晚程小青、施仁夫回席，小青作《七十述怀》三首，诗律较前尤严矣。范老和三首，亦浑成。赞颂诗律严谨。"

当时柴德赓倚装北上，未及附和，只是在日记中记上一笔。一年后，柴德赓工作完成回到苏州，恰逢程小青新历七十整寿，因此补作一首：

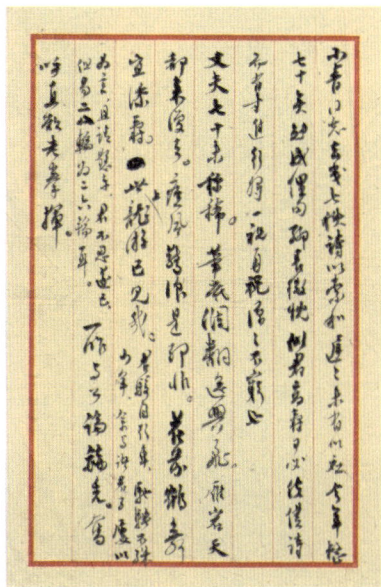

柴德赓致程小青诗，1963 年

小青同志去岁七秩诗以索和，迟迟未有以应。今年整七十矣，勉成俚句，聊表微忱，似君高寿，可必使仆诗而有寸进，行将一祝再祝，源源不穷也。

265

丈夫七十未称稀，笔底澜翻逸兴飞。

雁宕天都来复去，疾风惊浪是耶非。

花前鹤舞宜添寿，世上龙游已见几。

君骑自行车，驰骋不殊少年，余与诸君子屡以为言，且请悬车，君不忍遽已，但易二八轮为二六轮耳。

一昨与公论赫秃，奋呼直欲老拳挥。

柴德赓在1961年6月10日日记中记有："程小青、周瘦鹃、顾公硕游雁荡山归。"这里交代了三人游雁荡山的归期。柴德赓还保存有程小青游天都峰照片一帧，背面程小青留字为1962年。"雁宕天都来复去"指程小青有此二次旅游。1963年正处在反修、防修、批修的年代，对赫鲁晓夫的愤恨属于阶级立场问题，在这里记录了时代的烙印与痕迹。

1964年4月，教育部调集专家参加国家文化重点工程"二十四史"点校工作。柴德赓再次赴北京，和苏州民进诸友做暂别。

7月12日："发范烟桥书。附致七律。"诗如下：

一九六四年七月，寄怀烟桥同志，并呈小青、瘦鹃、吟秋、涓隐、公硕诸同志。

十载相从百尺楼，离情况复忆苏州。

明时共识有生乐，老子当先天下忧。

海外文章惊蛱蝶，江东人物肯沉浮。

未能接席参高论，一着同争最上头。

　　柴德赓 1955 年秋到苏州任教，到此已是十个年头，回忆往事，最忆苏州。

　　柴德赓的诗寄到苏州，民进同人传阅后，范烟桥先回复。7 月 26 日："范烟桥同志来书，并和诗一首。"

> 屡从博议上层楼，考献征文动九州。
> 四座倾听发深省，一花未放系烦忧。
> 飞扬不记风华老，投契无嫌萍水浮。
> 此日江南若蒸暑，诗来凉意沁心透。

　　看到柴德赓"离情况复忆苏州"诗句，程小青颇有感慨。就在范烟桥回复柴德赓来信赋诗一首的当天，程小青不幸手指遭难，未能附言。

　　8 月 6 日："程小青同志来书，并寄小诗。"

　　七月十二日之晚，忽遭断指之厄，友好闻之慰问纷纷，诗以谢之。

　　小劫无端到指尖，况逢暑气正炎炎。喜看天际鸣鸿疾，饮得醍醐意自甜。

　　一九六四年秋，程小青

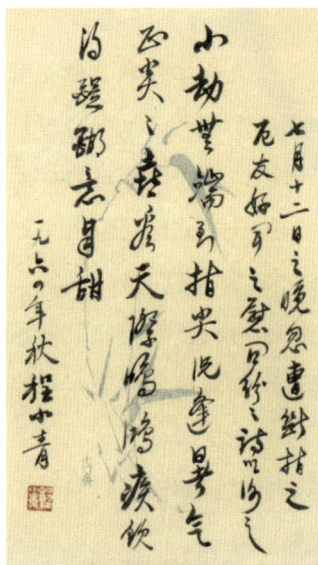

程小青诗札，1964 年

此时程小青诗意紧贴身残志坚之情，见到柴德赓"十载相从百尺楼"，联想相识相知十年，虽有聚散，时有怀想，主题还是感谢这个大时代。

又过半年。

1965 年 2 月 8 日："程小青寄书附一诗。"诗文如下：

送智识青年下农村

雄心壮志少年时，缔造农村竞秀姿。

四化新图观远景，千秋大业奠福基。

移风易俗功非小，继往开来谊不辞。

识论于今新实践，定教遍地树红旌。

一九六四年秋，程小青

1964 年正值开展社会主义教育运动，学校停课下乡搞运动，程老的诗正是这一情况的描述，也是时代的记录。

1965 年夏天，程小青又一次到北京。

1965 年 6 月 15 日："程小青先生来，携托带笋豆、茶叶；略知苏州消息，未能详也。买 16 日古巴与体院队比赛足球票三张，以两张送程老夫妇。"

6 月 16 日："晚与程老及其子程翔观体院与古巴队比足球，4：0 胜。"

这段日记亦有意思，程老夫妇与柴德赓一样，还是球迷。

这一年程小青再次到北京，二人相聚，大有他乡遇故知的味道。整个夏天程小青在北京度过，这期间他们还去看望钱克仁（江苏师院数学系，民进师院支部）及其尊人钱宝琮先生（中国数学史的奠基人之一）；直到10月中旬返苏，柴德赓请民进中央代为购买卧铺票（那时购票是件头疼之事），16日柴德赓至车站送行。

再往下就是1966年"文革"开始。柴德赓被批斗。运动初期柴德赓的"罪名"是"三家村"在苏州的"代理人"。紧接着运动波及程小青、范烟桥和周瘦鹃，他们被污为苏州的"三家村"。1967年3月28日，范烟桥含冤病去，1968年8月12日，周瘦鹃自沉家中。

柴德赓于1970年1月23日去世。程小青老先生得知后，悲痛不已，回首身边事，苏州民进市委会当年可谓人才济济，如今顾公硕（文化支部主任）、范烟桥、周瘦鹃、柴德赓相继都走了，已经是满目疮痍，不禁潸然泪下。1976年10月12日，程老先生离世。此时"四人帮"已经被抓，但是特大喜讯的消息程老先生未能亲耳听到，要不然他去见柴德赓的时候，说的第一句话应该是：青峰，告诉你一个大快人心事，"四人帮"被粉碎了！